새로운 도서,
다양한 자료
동양북스
홈페이지에서
만나보세요!

www.dongyangbooks.com
m.dongyangbooks.com

※ 학습자료 및 MP3 제공 여부는 도서마다 상이하므로 확인 후 이용 바랍니다.

홈페이지 도서 자료실에서 학습자료 및 MP3 무료 다운로드

PC

❶ 홈페이지 접속 후 도서 자료실 클릭
❷ 하단 검색 창에 검색어 입력
❸ MP3, 정답과 해설, 부가자료 등 첨부파일 다운로드
 * 원하는 자료가 없는 경우 '요청하기' 클릭!

MOBILE

* 반드시 '인터넷, Safari, Chrome' App을 이용하여 홈페이지에 접속해주세요. (네이버, 다음 App 이용 시 첨부파일의 확장자명이 변경되어 저장되는 오류가 발생할 수 있습니다.)

❶ 홈페이지 접속 후 ☰ 터치

❷ 도서 자료실 터치

❸ 하단 검색창에 검색어 입력
❹ MP3, 정답과 해설, 부가자료 등 첨부파일 다운로드
 * 압축 해제 방법은 '다운로드 Tip' 참고

중국어뱅크

중국어, 똑똑하게 배우자!

스마트 중국어

김현철 · 김은희 지음
량페이 · 웨이홍 감수

STEP 1

최신 개정

동양북스

스마트 중국어 STEP 1

개정 4쇄 발행 | 2024년 9월 5일

지은이 | 김현철, 김은희
발행인 | 김태웅
책임편집 | 김상현, 김수연
디자인 | 남은혜, 김지혜
마케팅 총괄 | 김철영
온라인 마케팅 | 김은진
제작 | 현대순

발행처 | (주)동양북스
등   록 | 제 2014-000055호
주   소 | 서울시 마포구 동교로22길 14 (04030)
구입 문의 | 전화 (02)337-1737   팩스 (02)334-6624
내용 문의 | 전화 (02)337-1762   dybooks2@gmail.com

ISBN 979-11-5768-855-5 14720
ISBN 979-11-5768-854-8 (세트)

소통 중국어! 표현 중국어!

소통과 표현 중심의 언어교육은 이미 여러 언어에서 실시되고 있으며, 중국어 교육현장에서도 운용되고 있습니다. 이 책은 중국어 표현력을 길러 중국인과 소통하며 중국을 이해할 수 있도록 통합적으로 고안하고 구성한 새로운 형태의 결과물입니다.

같은 표현을 상황별로 재구성하여 학습자들에게 다양한 표현을 익힐 수 있게 하였을 뿐만 아니라 표현 확장을 용이하게 하기 위하여 다양한 장치를 이용하였습니다. 주어진 상황 등의 코너를 중심으로 전체 내용이 유기적으로 구축되어 있어, 천천히 따라가기만 하면 내용을 쉽게 이해할 수 있게 만들어져 있습니다.

특히 중국어를 처음 시작하는 국내의 초급 학습자를 위하여 배경을 한국으로 설정하는 새로운 시도를 감행하였습니다. 즉 중국어 학습을 통해 한국 문화를 널리 알릴 수 있는 좋은 기회이자 한국의 문물과 생활문화를 소개할 수 있도록 구성하였습니다.

소통에는 노력이 필요합니다!
그리고 소통하기 위해서는 잘 표현해야 합니다!

외국어를 능숙하게 표현하고자 한다면 많은 시간과 연습이 필요합니다. 그리고 체계적이고 과학적으로 검증된 학습시스템이 필요합니다. 여기에 한 가지 더, 바로 좋은 교재와 그 교재를 잘 활용할 수 있는 선생님 역시 필요합니다. 우리는 이제 무턱대고 따라 하며 학습하던 시대를 뒤로 하고, 멋지고 유익하며 감탄! 할 수 있는 그런 교재로 공부해야 합니다.

수많은 중국어 책이 시중에 나와 있음에도 불구하고 흔쾌히 새로운 시도를 허락하시고 헌신적으로 출판을 도와주신 동양북스 식구들께도 이 자리를 빌려 감사의 말씀 드립니다. 좋은 분들과 아름다운 생각을 할 수 있어 즐거웠습니다. 그리고 그런 생각들을 이 책을 들고 계신 여러분들에게 전할 수 있어 행복합니다.

재치 있고, 민첩하게, 그리고 빈틈없으며 아는 것이 많은 것이 바로 스마트한 것입니다. 스마트한 중국어를 모아 놓은 『중국어뱅크 스마트 중국어』로 여러분 모두 원활하게 소통하시기 바랍니다.

김현철, 김은희 드림

4

부록

INTRO

- **발음**
  - 운모 – 단운모, 복운모
  - 성모
  - 성조 – 1성, 2성, 3성, 4성, 경성
  - 성조 변화 – 一, 不
  - 儿化 현상

01

- **학습목표** 다양한 인칭대사를 익힌다. 기본적이 인사말을 익힌다.
- **기본표현** 你好! / 你早! / 再见!
- **어법** 인칭대사, 인사 표현, 형용사술어문
- **문화** 중국의 인사말

02

- **학습목표** 안부를 묻고 대답하는 표현을 익힌다. 부정의 표현을 할 수 있다.
- **기본표현** 您身体好吗? / 你呢? / 我很忙。
- **어법** 吗 의문문, 의문조사 呢, 부정부사 不
- **문화** 중국인의 성씨

03

- **학습목표** 의문대사를 사용하여 질문할 수 있다. 이름과 국적을 묻고 대답하는 표현을 익힌다.
- **기본표현** 你叫什么名字? / 认识你很高兴。 / 你姓什么? / 你是哪国人?
- **어법** 구조조사 的, 동사술어문, 의문대사 의문문
- **문화** '중국'이라는 나라

04

- **학습목표** 제안하는 표현을 할 수 있다. 장소와 위치를 묻고 대답하는 표현을 익힌다.
- **기본표현** 你在哪儿? / 我们一起吃饭吧。 / 我们去哪儿吃? / 你住在哪儿?
- **어법** 존재동사/개사 在, 어기조사 吧, 연동문(1)
- **문화** 중국의 주거환경

05

- **학습목표** 가족 관계, 나이, 직업을 묻고 대답하는 표현을 익힌다. 중국어로 숫자를 셀 수 있다.
- **기본표현** 你家有几口人? / 我有一个哥哥。 / 多大了? / 你哥哥有女朋友吧?
- **어법** 의문사 几, 중국어 숫자, 양사, 나이를 묻는 표현
- **문화** 행운의 숫자 8

06 　**학습목표** 1~5과에서 배운 필수 단어와 회화 표현을 확인하고 복습한다.

07 　**학습목표** 날짜 · 요일을 묻고 대답하는 표현을 익힌다. 중국어로 시간 약속을 할 수 있다.
　　기본표현 你的生日是几月几号? / 今天星期三。 / 你有时间吗? / 我们一起去明洞，怎么样?
　　어법 날짜 표현, 시간 표시 부사어, 명사술어문, 부가의문문
　　문화 춘절과 중추절

08 　**학습목표** 시간을 묻고 대답하는 표현을 익힌다. 중국어로 일과를 말할 수 있다.
　　기본표현 现在几点? / 现在两点半。 / 好累啊! / 我给你打电话。
　　어법 시간 읽는 법, 감탄문, 개사 给, 从…到…
　　문화 유행 인터넷 용어

09 　**학습목표** 가격을 묻고 대답하는 표현을 익힌다. 중국어로 가격 흥정과 물건 구매를 할 수 있다.
　　기본표현 多少钱? / 一万块。 / 你要买什么? / 你要白色的还是要蓝色的?
　　어법 의문사 多少, 인민폐 읽는 법, 조동사 要·能, 선택의문문
　　문화 중국의 화폐

10 　**학습목표** 음식 및 음식 주문에 관한 표현을 익힌다. 중국어로 음식을 주문할 수 있다.
　　기본표현 你吃过中国菜吗? / 你想吃什么? / 你来点吧。 / 我会做中国菜。
　　어법 경험을 나타내는 조사 过, 동사 来, 조동사 想·会
　　문화 중국의 음식 문화

11 　**학습목표** 계획과 여행에 관한 표현을 익힌다. 중국어로 여행 계획에 대한 내용을 말할 수 있다.
　　기본표현 你打算做什么? / 我打算去中国旅行。 / 什么时候去?
　　어법 打算, 什么时候·什么地方
　　문화 베이징

12 　**학습목표** 7~11과에서 배운 필수 단어와 회화 표현을 확인하고 복습한다.

본문

INTRO
중국어 발음

운모·성모·성조를 나누어서 학습할 수 있도록
하였습니다. 발음 읽기와 듣기 문제의 풀이를
통해서 발음을 반복하여 훈련할 수 있습니다.

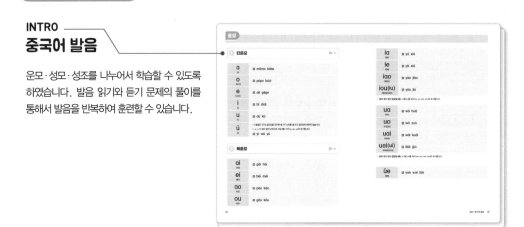

단어

본문에 나오는 새단어와
구, 짧은 문장으로 자연
스럽게 단어 – 구 – 문장
의 관계를 익히며 단어를
학습합니다.

듣기

본문에 나오는 주요 문장
의 듣기 연습입니다. 짧은
문장에서 긴 문장으로 확
장된 문장을 들으며 문장
구성 및 듣기 능력을 향상
시킬 수 있습니다.

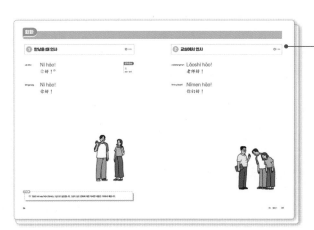

회화

회화는 각 과의 주제와 관련된 3~4개의 상황
으로 이루어져 있습니다. 주요 표현의 경우,
단어를 교체하여 다양한 문장을 익힐 수 있도
록 '교체연습'을 제시하였으며, 일부 내용은
'TIP'을 두어 보충 설명하였습니다.

어법

본문 회화에 포함된 어법 사항을 간단하게 설명하고, 바로 실력을 다질 수 있는 확인 문제를 수록하였습니다.

표현 확장 연습

본문에서 배운 기본 회화 표현을 이용해 다양한 표현을 확장 연습할 수 있도록 하였습니다.

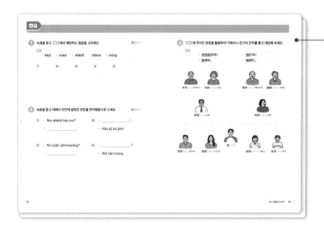

연습

新 HSK 문제와 동일한 유형으로 출제하여 듣기와 읽기 능력을 향상시킬 수 있습니다.(쓰기·말하기는 워크북에서 향상시킬 수 있도록 하였습니다.)

문화

각 과의 주제와 관련된 중국 문화 이야기가 생생한 사진 자료와 함께 수록되어 있습니다.

이 책의 활용법

복습과(6,12과)

필수 단어

각 복습과에서는 1~5과 / 7~11과에 나왔던
단어 중 주요 단어를 주제별로 수록하여 배운
단어를 그림과 함께 재미있게 외울 수 있도록
하였습니다.

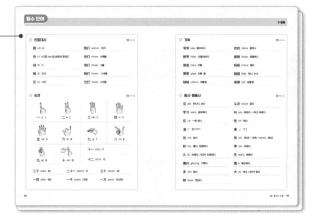

필수 회화

앞 과에서 배운 회화 중 상황별 주요 표현을 복
습할 수 있도록 10개의 상황으로 나누어 정리
하였습니다.

단어 익히기 / 회화 익히기

재미있게 단어와 회화를 익히고 연습할 수 있
도록 퍼즐, 이야기, 빙고 게임, 사진 보고 말하
기, 만화 중국어 등의 흥미로운 연습문제로 복
습할 수 있도록 하였습니다.

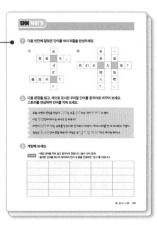

10

간체자 쓰기

글자의 획순과 해당 글자를 사용한 문장이나 단어를 제시하여 초보 학습자에게 필요한 간체자 연습과 단어 학습을 동시에 진행할 수 있도록 하였습니다.

본문 받아쓰기 & 스피킹 훈련

3단계로 완벽하게 스피킹 연습을 할 수 있습니다.
Step1: 듣고 내용 추측하기
Step2: 듣고 따라 읽으며 회화 빈칸 채우기
Step3: 역할 바꿔 말하기

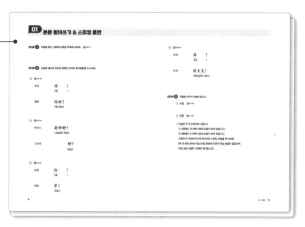

연습문제

본책에 듣기와 읽기 중심의 연습문제가 제공되었다면, 워크북에서는 말하기와 쓰기 중심의 문제를 수록하여 듣기·말하기·읽기·쓰기 능력을 골고루 갖출 수 있도록 하였습니다.

- 이 책의 회화 내용은 배경이 한국이라는 상황하에 집필되었습니다.

- MP3 음원에는 중국어 발음, 단어, 듣기, 회화, 표현 확장 연습, 연습문제의 듣기 문제가 녹음되어 있으며, 본문에 트랙 표시를 해 두었습니다.

- 단어의 품사약어는 다음과 같습니다.

명사	명	형용사	형	인칭대사	
동사	동	조동사	조동	의문대사	대
부사	부	접속사	접	지시대사	
수사	수	감탄사	감	어기조사	
양사	양	접두사	접두	시태조사	조
개사	개	접미사	접미	구조조사	
고유명사	고유	수량사	수량		

등장인물 소개

김 민(金珉)
한국인
중국어를 배우는 학생

밍밍(明明)
중국인
한국에 온 교환학생

징징(京京)
중국인
한국에 온 교환학생

왕 선생님(王老师)
중국인
한국에서 중국어를 가르치는 선생님

민수(民秀)
한국인
김 민의 친구

INTRO

중국어 발음

❶ 운모·성모·성조의 개념을 이해한다.
❷ 중국어의 기초 발음을 익힌다.

1 단운모 ▶ 00-01

a 아	예 mǎma bàba
o 외[어]	예 pópo bózi
e [으]어	예 è le gēge
i 이	예 bǐ dìdi
u 우	예 dú kū
ü 위	· ü 발음은 '오'의 입모양을 유지한 채, '이' 소리를 냅니다. 입모양이 변하지 않습니다. 예 yí wǔ yǔ

· i, u, ü 가 성모 없이 단독으로 쓰일 때는 각각 yi, wu, yu로 표기합니다.

2 복운모 ▶ 00-02

ai 아이	예 gǎi hái
ei 에이	예 běi měi
ao 아오	예 pǎo kǎo
ou 어우	예 gǒu kǒu

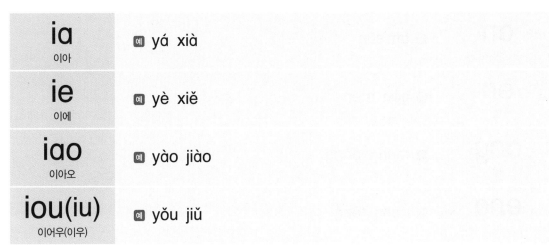

ia 이아	예 yá xià
ie 이에	예 yè xiě
iao 이아오	예 yào jiào
iou(iu) 이어우(이우)	예 yǒu jiǔ

- 앞에 성모 없이 발음될 때는 i 대신 y를 써서 ya, ye, yao, you로 표기합니다.

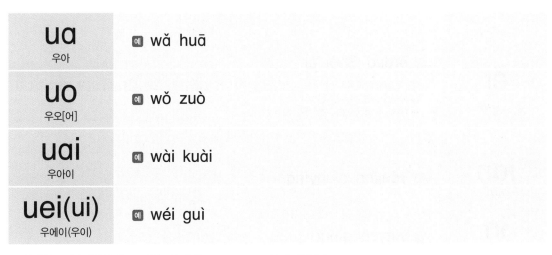

ua 우아	예 wǎ huā
uo 우오[어]	예 wǒ zuò
uai 우아이	예 wài kuài
uei(ui) 우에이(우이)	예 wéi guì

- 앞에 성모 없이 발음될 때는 u 대신 w를 써서 wa, wo, wai, wei로 표기합니다.

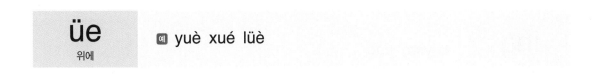

| **üe** 위에 | 예 yuè xué lüè |

an 안	예 àn sān
en 언	예 gēn mén
ang 앙	예 máng pàng
eng 엉	예 dēng téng
ong 옹	예 dōng sòng

er 얼	예 ěrduo Shǒu'ěr • **격음부호(**隔音符号**):** a, o, e로 시작하는 음절이 다른 음절의 뒤에 오면 음절 간의 발음을 분명하게 하기 위해 격음부호(')로 구분합니다. 예) Tiān'ānmén(天安门 천안문) Xī'ān(西安 시안)

ian 이앤	예 yǎnjìng diànyǐng
in 인	예 yīnyuè qīnqi
iang 이앙	예 yīnyáng xiǎngniàn
ing 잉	예 yìng tīng
iong 이옹	예 yòng xióngmāo

• ian, in, iang, ing, iong 앞에 성모가 없으면 i를 y로 바꾸어서 yan, yin, yang, ying, yong으로 표기합니다.

• ian(yan) 발음에 주의하세요. ian(yan)은 '이안'이 아니라 '이앤'으로 발음합니다.

uan
우안

예 wǎnshang duǎn

uen(un)
원

예 wèntí chūntiān

uang
우앙

예 wáng huángsè

ueng
웡

예 wēng

• uan, uen, uang, ueng 앞에 성모가 없으면 u를 w로 바꾸어서 wan, wen, wang, weng으로 표기합니다.

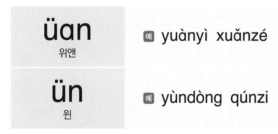

üan
위앤

예 yuànyì xuǎnzé

ün
윈

예 yùndòng qúnzi

• üan, ün 앞에 성모가 없으면 ü를 yu로 바꾸어 표기하고, j, q, x 뒤의 ü는 u로 표기합니다.

• üan(yuan) 발음에 주의하세요.
  ian(yan)을 '이앤'으로 발음하듯이, üan(yuan)은 '위앤'으로 발음합니다.

연습문제

① 따라 읽기 ▶ 00-03

1 ① tā	② gē	③ pō	④ hē
2 ① wū	② dī	③ yī	④ yū
3 ① yālì	② jiāyóu	③ bièniu	④ xiǎojiě
4 ① guàzi	② guóhuā	③ kuàisù	④ zuìhǎo
5 ① xiàxuě	② cèlüè	③ dàyuē	④ juéduì
6 ① érzi	② érnǔ	③ nǚ'ér	④ értóng

② 녹음과 같은 운모 쓰기 (성조는 1성) ▶ 00-04

1 ① b_____	② d_____	③ g_____	④ p_____
2 ① t____	② d____	③ h____	④ g____
3 ① h_____	② c_____	③ g_____	④ s_____
4 ① h_____	② ch_____	③ g_____	④ k_____
5 ① t_____	② q_____	③ x_____	④ j_____
6 ① _____	② zh_____	③ ch_____	④ sh____

③ 녹음과 같은 발음 고르기 🔘 00-05

1 ① lǔ ☐　lǚ ☐　　② nǔ ☐　nǚ ☐

　　③ yí ☐　yú ☐　　④ lì ☐　lǜ ☐

2 ① dǎi ☐　děi ☐　　② kā ☐　kāi ☐

　　③ pǒu ☐　pǎo ☐　　④ háo ☐　hóu ☐

3 ① páo ☐　piáo ☐　　② qiū ☐　qiāo ☐

　　③ tè ☐　tiě ☐　　④ liǎ ☐　lǎ ☐

4 ① què ☐　qiè ☐　　② yē ☐　yuē ☐

　　③ xiě ☐　xuě ☐　　④ nüè ☐　niè ☐

5 ① děng ☐　dǒng ☐　　② kǎn ☐　kěn ☐

　　③ gèng ☐　gòng ☐　　④ hén ☐　hán ☐

6 ① nàn ☐　niàn ☐　　② pín ☐　píng ☐

　　③ diànyǐng ☐　dànyīn ☐　　④ shánsàng ☐　xiǎngxiàng ☐

7 ① wǎn ☐　wáng ☐　　② duǎn ☐　dǎn ☐

　　③ sūnlì ☐　shùnlì ☐　　④ chūntiān ☐　cēntān ☐

8 ① yǎn ☐　yuán ☐　　② xuàn ☐　xùn ☐

　　③ jùn ☐　juàn ☐　　④ quán ☐　qǔn ☐

▶ 00-06

b 뽀어	예 bā bù
p 포어	예 pà pí
m 모어	예 mā mō

• b, p, m는 위아래 입술을 붙였다가 살짝 떼면서 발음합니다.

| f
포어 | 예 fā fú |

• 영어의 [f] 발음과 같이 윗니를 아랫입술에 살짝 댔다 떼면서 발음합니다.

d 뜨어	예 dà dì
t 트어	예 tā tǔ
n 느어	예 nà nǐ
l 르어	예 lā lí

• d, t, n, l는 혀끝을 윗니 뒤의 잇몸에 대었다가 떼면서 발음합니다.

g 끄어	예 gěi gāo
k 크어	예 kě kǒu
h 흐어	예 hē hái

• g, k, h는 혀뿌리와 입천장 사이의 마찰음으로 발음합니다.

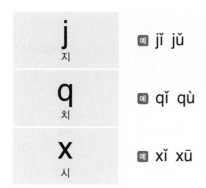

j 지	예 jǐ jǔ
q 치	예 qǐ qù
x 시	예 xǐ xū

- j, q, x는 혓바닥을 평평하게 하여 혓바닥과 입천장 사이의 마찰음으로 발음합니다.
- j, q, x가 ü와 결합할 때는 u로 표기합니다.

z 쯔	예 zì zū
c 츠	예 cí cù
s 쓰	예 sì sè

- z, c, s는 혀끝을 윗니 뒤쪽에 가볍게 대고 발음합니다.

zh 즈	예 zhǐ zhuō
ch 츠	예 chī chǎo
sh 스	예 shí shǎo
r 르	예 rì rè

- zh, ch, sh, r는 혀끝을 살짝 올리고 발음합니다.

성모

연습문제

① 따라 읽기 00-07

1	① bī	② mī	③ pō	④ fū
2	① hóu	② kǎo	③ gǎi	④ gǒu
3	① xǔ	② jú	③ qú	④ xú
4	① fùzá	② tǐcāo	③ sècǎi	④ zīgé
5	① zhǐhǎo	② chūcì	③ rèliè	④ shísì

② 녹음과 같은 성모 쓰기 (성조는 1성) ▶ 00-08

1	① ____ī	② ____è	③ ____ù	④ ____ǔ
2	① ____ū	② ____ū	③ ____ī	④ ____ī
3	① ____ōuwéi	② ____ègǒu	③ ____ī____í	④ ____á____ì

⑥ 00-09

1 ① fā ☐   pā ☐   ② fá ☐   pá ☐

    ③ pā ☐   bā ☐   ④ má ☐   ná ☐

2 ① tǎ ☐   dǎ ☐   ② lù ☐   nù ☐

    ③ dā ☐   tā ☐   ④ má ☐   ná ☐

3 ① kǔ ☐   gǔ ☐   ② kǎ ☐   gǎ ☐

    ③ kù ☐   hù ☐   ④ kǎi ☐   hǎi ☐

4 ① kǎo ☐   cǎo ☐   ② sú ☐   cú ☐

    ③ sǎi ☐   zǎi ☐   ④ cū ☐   kū ☐

5 ① chūcì ☐   chíchí ☐   ② zhīchí ☐   zìcí ☐

    ③ zhǐshì ☐   zǐxì ☐   ④ shìshí ☐   sìshí ☐

① 1성

00-10

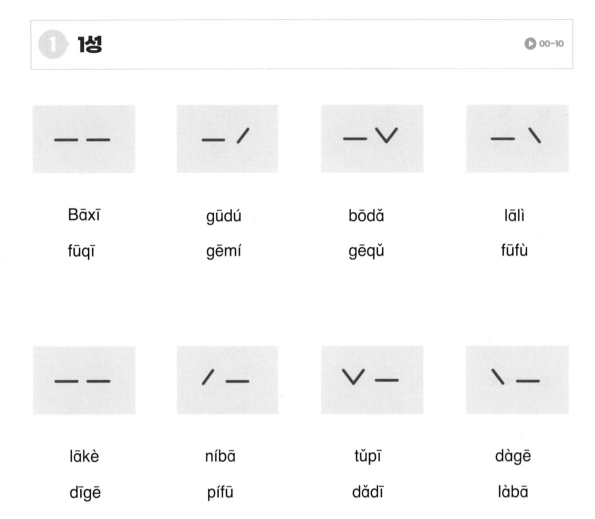

Bāxī

fūqī

gūdú

gēmí

bōdǎ

gēqǔ

lālì

fūfù

lākè

dīgē

níbā

pífū

tǔpī

dǎdī

dàgē

làbā

2성

╱ ─	╱ ╱	╱ ╲	╱ ╲
píbāo	dúdú	báitǔ	málà
báisè	báibái	míyǔ	táoqì

─ ╱	╱ ╱	╲ ╱	╲ ╱
gēcí	háowú	dǎdī	fùxí
hēibái	xídé	dǎoméi	bàoyú

③ 3성 ▶ 00-12

dǎkāi	xǐdí	hǎobǐ	tǔdì
tǔbāo	qǔdé	nǐ hǎo	yǐhòu

'3성+1 · 2 · 4성/경성'의 경우 3성은 반3성(¥三声)으로, '3성+3성'의 경우 '2성+3성'으로 발음합니다.

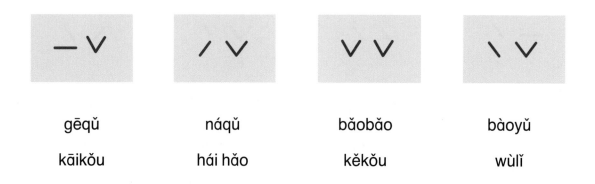

gēqǔ	náqǔ	bǎobǎo	bàoyǔ
kāikǒu	hái hǎo	kěkǒu	wùlǐ

dàyuē

dàyī

fùxí

wèilái

bàoyǔ

dàibiǎo

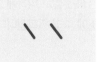

pàocài

suìyuè

cāiduì

bāokuò

xuéxiào

áoyè

hǎohuài

xiězì

zuòyè

huìhuà

경성 ▶ 00-14

경성은 짧고 약하게 발음하며, 발음표기에서 아무런 표시도 하지 않습니다. 경성의 음높이는 앞에 있는 음절의 성조에 따라 달라집니다.

1성+경성	2성+경성	3성+경성	4성+경성
gēge	míngzi	jiějie	dìdi
dōngxi	érzi	yǐzi	bàba

꼭 알아두세요

① 성조는 모음 위에 표시합니다. 모음이 두 개 이상일 경우에는 a > o, e > i, u, ü 순서대로 표기하고, i 와 u 가 함께 나올 때는 뒤에 나온 모음에 성조를 표기합니다.

> 예 bā   māo   biǎo   jiǔ   duì   xué   lüè

② 성조는 의미를 구별하는 기능을 합니다. 같은 발음의 글자라도 성조가 다르면 아래와 같이 뜻이 달라지게 됩니다.

> 예 dǎ(打 때리다) — dà(大 크다)   sān (三 3) — sǎn (伞 우산)

③ 네 가지 성조 외에 짧고 약하게 발음하는 음이 있는데, 이것을 경성(轻声 qīngshēng)이라고 합니다. 경성은 모음 위에 아무런 표시도 하지 않습니다.

> 예 gēge   láile   hǎode   xièxie

1 따라 읽기 ▶ 00-15

1 ① lālì ② hūlū ③ Bālí ④ dǎfa

2 ① shétou ② mèimei ③ shuōde ④ mǎide

2 녹음과 같은 성조 표기하기 ▶ 00-16

1 ① fuqi ② pifu ③ dage ④ gemi

2 ① bai ② pao ③ lou ④ lei

3 ① kaikou ② nühai ③ haobi ④ ke'ai

4 ① wai ② jiao ③ sui ④ xiu

3 녹음과 같은 발음 고르기 ▶ 00-17

1 ① pēi ☐ péi ☐ ② bāo ☐ báo ☐

　　③ qú ☐ qū ☐ ④ kǎi ☐ kāi ☐

2 ① tǎoqì ☐ táoqì ☐ ② qǔ ☐ qú ☐

　　③ kǎohé ☐ káohé ☐ ④ déi ☐ děi ☐

3 ① xiàoguǒ ☐ xiāoguǒ ☐ ② xiákè ☐ xiàkè ☐

　　③ xiūgǎi ☐ xiūgài ☐ ④ jiēdài ☐ jièdāi ☐

4 ① shānzi ☐ shànzi ☐ ② sǎngzi ☐ sángzi ☐

　　③ pāngzi ☐ pàngzi ☐ ④ páizi ☐ pǎizi ☐

⑥ 성조 변화

一 ▶ 00-18

一의 원래 발음은 'yī'이지만, 1 · 2 · 3성 앞에 오면 'yì'로 읽습니다.

yìtiān
yìzhī

yìnián
yìzhí

yìběn
yìqǐ

一가 4성 · 경성 앞에 오면 'yí'로 읽습니다.

yíkuài
yíyàng

yí ge

• 한어병음으로 표기할 때는 변화된 성조로 표기합니다.

不 ▶ 00-19

不는 1 · 2 · 3성 앞에 오면 원래 성조인 'bù'로 읽습니다.

bù shuō
bù tīng

bù lái
bù máng

bù hǎo
bù zhǔn

不가 4성 앞에 오면 'bú'로 읽습니다.

/ \

> • 한어병음으로 표기할 때는 변화된 성조로 표기합니다.

bú shì

bú xiè

연습문제

① 따라 읽기

1　① bù zhī　② bú zài　③ bù xíng　④ bú zhàn

② 녹음과 성조 표기하기

1　① yinian　② yiwan　③ yitian　④ yiyang

2　① bu qù　② bu lěng　③ bu tīng　④ bu kàn

③ 녹음과 같은 발음 고르기

1　① yírì ☐　yìrì ☐　② yīdián ☐　yìdiǎn ☐

③ yìpán ☐　yīpán ☐　④ yígòng ☐　yìgòng ☐

儿化 현상

▶ 00-21

儿化 érhuà는 베이징어의 특색으로 일부 명사나 동사, 형용사 음절 뒤에 儿을 붙여 발음을 부드럽게 하고 친근감을 줍니다. 儿의 병음은 ér로 표기하지만, 儿化로 쓰이면 앞음절 뒤에 -r로 표기합니다.

zhè — zhèr   huā — huār

앞음절이 -i, -n, -ng으로 끝나면 -i, -n, -ng은 발음하지 않고 er만 발음합니다.

xiǎohái — xiǎoháir   wán — wánr

일부 단어는 儿이 부가되면 의미나 품사가 달라지기도 합니다.

nǎ — nǎr   gài — gàir

어느(哪) – 어디(哪儿)   덮어 가리다(盖) – 덮개, 뚜껑(盖儿)

연습문제

1 따라 읽기

▶ 00-22

① zhǎochár   ② yíhuìr   ③ méishìr   ④ kāiménr

⑤ xiězìr   ⑥ yìdiǎnr   ⑦ lǎobànr   ⑧ méiménr

01

你好!
안녕하세요!

학습 목표

1. 다양한 인칭대사를 익힌다.
2. 기본적인 인사말을 익힌다.

기본 표현

1. 你好! Nǐ hǎo!
2. 你早! Nǐ zǎo!
3. 再见! Zàijiàn!

▶ 01-01

你 nǐ 때 너, 당신

您 nín 때 당신 [你의 존칭]

好 hǎo 형 좋다, 안녕하다

你好 Nǐ hǎo 안녕하세요

学生 xuésheng 명 학생

老师 lǎoshī 명 선생님

王老师 Wáng lǎoshī 왕 선생님

们 men 접미 ~들[복수를 나타냄]

你们 nǐmen 때 당신들, 너희들

早 zǎo 형 이르다 명 아침

再 zài 부 다시, 또

见 jiàn 동 만나다, 보다

再见 Zàijiàn 잘 가, 안녕히 가세요

明天 míngtiān 명 내일

明天见 Míngtiān jiàn 내일 봐요

💬 녹음을 듣고 따라 읽어 보세요.

▶ 01-02

1

Hǎo.	好。
Nǐ hǎo!	你好！
Nǐmen hǎo!	你们好！

2

Lǎoshī	老师
Wáng lǎoshī.	王老师。
Wáng lǎoshī, nín hǎo!	王老师，您好!

3

Jiàn.	见。
Zàijiàn!	再见！
Míngtiān jiàn!	明天见！

① 만났을 때 인사 ▶ 01-03

Jīn Mín	Nǐ hǎo! 你好! ❶

Míngming	Nǐ hǎo! 你好!

TIP

❶ '你好! Nǐ hǎo!'에서 你Nǐ는 2성으로 발음합니다.

xuéshengmen **Lǎoshī hǎo!**
老师好！

Wáng lǎoshī **Nǐmen hǎo!**
你们好！

③ 아침 인사 ▶ 01-05

Jīn Mín

Zǎo!
早 ! ②

Míngming

Zǎo!
早 !

TIP
② 아침 인사는 '早上好! Zǎoshang hǎo!'라고도 하며, 저녁에 자기 전 인사는 '晚安! Wǎn'ān!(잘 재)'이라고 합니다.

38

헤어질 때 인사   01-06

Míngming

Zàijiàn!
再见！

Jīn Mín

Míngtiān jiàn!
明天见！

교체연습

晚上
wǎnshang 저녁

后天
hòutiān 모레

PLUS

감사			사과		
감사합니다.	Xièxie.	谢谢。	미안합니다.	Duìbuqǐ.	对不起。
별말씀을요.	Búkèqi.	不客气。	괜찮습니다.	Méi guānxi.	没关系。

어법

1 인칭대사

중국어에서는 '나, 너, 그, 그녀'처럼 사람을 지칭하는 단어를 '인칭대사'라고 한다. 중국어의 인칭대사에 관해 알아보자.

	1인칭	2인칭	3인칭
단수	我 wǒ 나	你 nǐ 너 您 nín 당신 [존칭]	他 tā 그(남자) 她 tā 그녀 它 tā 그것
복수	我们 wǒmen 우리	你们 nǐmen 너희들	他们 tāmen 그들 她们 tāmen 그녀들 它们 tāmen 그것들

- 복수를 나타낼 때는 각 인칭대사 뒤에 '们 men'을 붙입니다.
- 사물이나 동물을 지칭할 때는 '它 tā'를 사용합니다.

확인문제

❶ 다음 인칭대사의 복수형을 쓰세요.

① 你 nǐ → _____   我 wǒ → _____

② 她 tā → _____   他 tā → _____

❷ 다음 사진에 해당하는 인칭대사를 고르세요.

A 它们	B 他们	C 他	D 她们

① ② ③ ④

40

② 인사 표현

중국어에서는 好를 넣어 인사 표현을 만든다. '사람+好'의 형태로 사용하면 그 사람에게 하는 인사가
된다.

你好! Nǐ hǎo!

'시간사 + 见'은 그 시간대에 만나자는 뜻으로 헤어질 때 하는 인사를 만들 수 있다.

明天见! Míngtiàn jiàn!

간단한 중국어 인사 표현

리리야!	Lìlì!	丽丽!
왕 선생님!	Wáng lǎoshī!	王老师!
어디 가세요?	Qù nǎr?	去哪儿?
식사하셨어요?	Chī fàn le ma?	吃饭了吗?
출근하세요?	Shàngbān qù?	上班去?
집에 가세요?	Huíjiā qù?	回家去?
오셨어요!	Lái le!	来了!

확인문제

❶ 다음 문장을 해석하세요.

① 老师好! Lǎoshī hǎo! → _____!

② 你们好! Nǐmen hǎo! → _____!

---

③ 형용사술어문

중국어 문장은 주어와 술어로 이루어져 있다.

주어   술어
你 好!
Nǐ   hǎo!

'你好!'와 같이 술어가 형용사 또는 형용사구인 문장을 '형용사술어문'이라 한다.

你们好!   他很好。
Nǐmen hǎo!   Tā hěn hǎo.

• 술어로 사용된 1음절 형용사 앞에는 일반적으로 부사 '很 hěn(아주, 매우)'을 함께 씁니다.

확인문제

❶ 다음 제시된 단어를 재배열하여 문장을 완성하세요.

① 好 hǎo / 你们 nǐmen   ➔   _____!   얘들아, 안녕!

② 见 jiàn / 再 zài   ➔   _____!   잘 가!

1 녹음을 듣고 보기 에서 해당하는 발음을 고르세요. ▶ 01-07

보기

A lǎoshī　　B míngtiān　　C zàijiàn　　D nǐmen　　E nǐ hǎo

① □　　② □　　③ □　　④ □　　⑤ □

2 녹음을 듣고 대화의 빈칸에 알맞은 문장을 한어병음으로 쓰세요. ▶ 01-08

① A Nǐ hǎo!

　 B _____!

② A _____!

　 B Míngtiān jiàn!

③ A _____.

　 B Méi guānxi.

④ A Xièxie!

　 B _____.

3 보기 에 주어진 문장을 활용하여 그림의 상황에 맞게 중국어로 대화를 만들어 보세요.

보기

你好! Nǐ hǎo!　　再见! Zàijiàn!　　你们好! Nǐmen hǎo!

①

②

중국의 인사말

중국에서 '你好! Nǐ hǎo!'는 가장 일상적인 인사말입니다. 앞에 상대방의 호칭을 붙여서 말하기도 합니다.

您好!	Nín hǎo!	안녕하세요!
你好!	Nǐ hǎo!	안녕!

중국에서 지나가다가 가까운 사람을 만나면 이름을 부르는 것으로 인사를 대신하기도 합니다.

王老师!	Wáng lǎoshī!	왕 선생님!
欸，小珉!	Āi, Xiǎomín!	응, 민아!

현대 중국인은 우리나라와 달리 어른을 만나도 고개를 숙여 인사하지 않습니다. 고개를 숙여 인사하는 것을 중국어로 鞠躬 jūgōng이라고 하는데, 이는 일반적으로 장례식 때 돌아가신 분에 대한 애도를 표할 때 합니다.

중국에서도 한국과 마찬가지로 지나가다 아는 사람을 만나면 이름이나 호칭을 부르거나 '어디 가세요?' 혹은 '식사하셨어요?'와 같은 말로 가벼운 인사를 나눕니다.

올림픽을 앞두고는 영어 학습 붐이 일면서 젊은이들 사이에서 만났을 때는 '哈罗 Hāluó(Hello)!'로, 헤어질 때는 '拜拜 Bàibai(Byebye)!'로 인사하는 사람들이 많아졌습니다.

02

你最近怎么样?

요즘 어떻게 지내세요?

**학습
목표**

❶ 안부를 묻고 대답하는 표현을 익힌다.

❷ 부정의 표현을 할 수 있다.

**기본
표현**

❶ 您身体好吗? Nín shēntǐ hǎo ma?

❷ 你呢? Nǐ ne?

❸ 我很忙。 Wǒ hěn máng.

02-01

身体 shēntǐ 뗑 몸, 신체, 건강

吗 ma 쪼 의문을 나타내는 조사

很 hěn 뮈 매우, 아주

呢 ne 쪼 의문을 나타내는 조사

我 wǒ 떼 나

也 yě 뮈 ~도, 또한

好 hǎo 뮈 꽤, 매우

久 jiǔ 혱 오래다, 시간이 오래되다

不 bù 뮈 ~이 아니다[부정을 나타내는 부사]

好久不见 hǎo jiǔ bú jiàn 오래간만이다

最近 zuìjìn 뗑 최근, 요즘

怎么样 zěnmeyàng 어떠하다

还 hái 뮈 그런대로, 꽤

可以 kěyǐ 혱 좋다, 괜찮다

还可以 hái kěyǐ 그런대로 괜찮다

爸爸 bàba 뗑 아빠

妈妈 māma 뗑 엄마

他们 tāmen 떼 그들

都 dōu 뮈 모두

学习 xuéxí 뚱 공부하다

忙 máng 혱 바쁘다

녹음을 듣고 따라 읽어 보세요.

▶ 02-02

1

Hǎo.	好。
Shēntǐ hǎo.	身体好。
Shēntǐ hǎo ma?	身体好吗？
Nín shēntǐ hǎo ma?	您身体好吗？

2

Zěnmeyàng?	怎么样？
Zuìjìn zěnmeyàng?	最近怎么样？
Nǐ zuìjìn zěnmeyàng?	你最近怎么样？

3

Máng.	忙。
Hěn máng.	很忙。
Wǒ hěn máng.	我很忙。

안부 묻기   ▶ 02-03

Jīn Mín
Wáng lǎoshī, nín shēntǐ hǎo ma?
王老师，您身体好吗？

교체연습

你妈妈
nǐ māma 너의 어머니

你爸爸
nǐ bàba 너의 아버지

Wáng lǎoshī
Hěn hǎo. Nǐ ne?
很好。　你呢？

Jīn Mín
Wǒ yě hěn hǎo.
我也很好。

Jīn Mín

Hǎo jiǔ bú jiàn!
好久不见①!

Míngming

Hǎo jiǔ bú jiàn!
好久不见!

Nǐ zuìjìn zěnmeyàng?
你最近怎么样?

Jīn Mín

Hái kěyǐ.
还可以。

TIP

① 好久 hǎo jiǔ는 '아주 오랫동안', 不见 bú jiàn은 '만나지 않았다'는 뜻이므로, 好久不见 hǎo jiǔ bú jiàn은 '오래간만이다'라는 의미로 사용됩니다.

3 주위 사람의 안부 묻기

02-05

Jīn Mín

Nǐ bàba、māma dōu hǎo ma?
你爸爸、妈妈都好吗?

Míngming

Tāmen dōu hěn hǎo.
他们都很好。

4 친구에게 안부 묻기

▶ 02-06

Jīn Mín

Nǐ xuéxí máng ma?

你学习忙吗?

교체연습

工作
gōngzuò 일, 일하다

Míngming

Bù máng. Nǐ ne?

不忙。　 你呢?

Jīn Mín

Wǒ hěn máng.

我很忙。

어법

① 吗 의문문

문장 끝에 의문조사 吗를 부가하면 의문문이 된다.

바쁘다 → 바쁘세요?
忙 → 忙吗?

你忙吗? Nǐ máng ma?
你工作忙吗? Nǐ gōngzuò máng ma?

잘 지내다 → 잘 지내세요?
好 → 好吗?

你好吗? Nǐ hǎo ma?
您身体好吗? Nín shēntǐ hǎo ma?

② 의문조사 呢

명사 뒤에 呢를 부가하면 '~는요?'라는 의문문이 된다. 대화나 상황을 통해서 화자와 청자가 이미 알고 있는 정보는 생략하고 간단하게 물을 때 사용하는 의문조사이다.

- 건강에 대하여 얘기하고 있을 때

你妈妈呢? → 어머니는?
(어머니는 건강하시니?)

- 바쁜 상황에 대하여 얘기할 때

你呢? → 너는? (너는 바쁘니?)

확인 문제

❶ 다음 문장을 吗를 이용하여 의문문으로 바꾸세요.

① 他身体很好。 Tā shēntǐ hěn hǎo. → _____?

② 他学习很好。 Tā xuéxí hěn hǎo. → _____?

❷ 다음 문장을 呢를 이용하여 의문문으로 바꾸세요.

① A: 他爸爸很好。 Tā bàba hěn hǎo. B: _____? 그의 어머니는?

② A: 他很忙。 Tā hěn máng. B: _____? 너는?

③ 부정부사 不

동사나 형용사 앞에 不를 쓰면 '~하지 않다'는 부정의 의미를 나타낸다.

나는 바쁘다　　　　나는 바쁘지 않다
我很忙。 ➡ 我不忙。
긍정　　　　　　　　부정

확인문제

① 다음 문장을 부정문으로 바꾸세요.

① 他很忙。　Tā hěn máng.　　　➡ _____。

② 他身体很好。　Tā shēntǐ hěn hǎo.　➡ _____。

③ 他学习很好。　Tā xuéxí hěn hǎo.　➡ _____。

④ 他工作很忙。　Tā gōngzuò hěn máng.　➡ _____。

② 다음 제시된 단어를 재배열하여 문장을 완성하세요.

① 不 / 我 / 忙　　➡ _____。 저는 바쁘지 않습니다.

② 他 / 好 / 不　　➡ _____。 그 사람은 좋지 않습니다.

③ 不 / 身体 / 好 / 我 ➡ _____。 저는 몸이 좋지 않습니다.

1 녹음을 듣고 보기 에서 해당하는 발음을 고르세요. ▶ 02-07

보기

A kěyǐ   B xuéxí   C shēntǐ   D māma   E máng

①   ②   ③   ④   ⑤

2 녹음을 듣고 대화의 빈칸에 알맞은 문장을 한어병음으로 쓰세요. ▶ 02-08

① A Nín shēntǐ hǎo ma?

B _____.

② A _____!

B Hǎo jiǔ bú jiàn!

③ A Nǐ zuìjìn zěnmeyàng?

B _____.

④ A _____?

B Wǒ hěn máng.

3 보기 에 주어진 문장을 활용하여 가족이나 친구의 안부를 묻고 대답해 보세요.

보기

A 你妈妈好吗?
B 她很好。

A 她忙吗?
B 她很忙。

爷爷 yéye 할아버지　　奶奶 nǎinai 할머니　　姥爷 lǎoye 외할아버지　　姥姥 lǎolao 외할머니

爸爸 bàba 아빠　　妈妈 māma 엄마

哥哥 gēge 형(오빠)　　姐姐 jiějie 누나(언니)　　我 wǒ 나　　妹妹 mèimei 여동생　　弟弟 dìdi 남동생

중국인의 성씨

한국에서 김, 이, 박이 가장 흔한 성이라면, 중국은 왕(王 Wáng), 리(李 Lǐ), 장(张 Zhāng)이 가장 흔한 성입니다. 통계에 의하면 왕, 리, 장 씨 성을 가진 사람은 2억 7천만 명 정도로 그 수가 미국 총인구와 거의 같다고 합니다.

땅이 무척 넓은 중국이다 보니, 성씨의 분포는 지역에 따라서도 차이가 있습니다. 중국의 북방에는 왕 씨가 가장 많으며, 남방에는 천(陈 Chén) 씨가, 남북의 경계라고 할 수 있는 장강 유역에는 리 씨가 가장 많다고 합니다.

중국의 10대 성씨				
왕(王 Wáng)	리(李 Lǐ)	장(张 Zhāng)	류(刘 Liú)	천(陈 Chén)
양(杨 Yáng)	황(黄 Huáng)	자오(赵 Zhào)	우(吴 Wú)	저우(周 Zhōu)

중국에는 우리나라에서 일반적으로 기피하는 뜻의 한자를 성으로 가진 사람도 있습니다.

중국의 5대 기괴 성씨		
死 Sǐ (죽다)	难 Nàn (어렵다, 싫어하다)	黑 Hēi (검다, 나쁘다)
老 Lǎo (늙다)	毒 Dú (독)	

또한 중국에는 우리나라에서는 흔히 볼 수 없는 복성(复姓 fùxìng)을 가진 사람도 있습니다. 현존하는 중국의 복성은 80여 가지가 있는데, 삼국지의 한 인물인 제갈량의 성씨인 诸葛 Zhūgé, 중국의 역사가 사마천의 성씨인 司马 Sīmǎ, 그 외에 欧阳 Ōuyáng, 呼延 Hūyán 등의 복성이 대표적입니다.

03

你叫什么名字?
당신의 이름은 무엇입니까?

학습 목표

① 의문대사를 사용하여 질문할 수 있다.

② 이름과 국적을 묻고 대답하는 표현을 익힌다.

기본 표현

① 你叫什么名字? Nǐ jiào shénme míngzi?

② 认识你很高兴。 Rènshi nǐ hěn gāoxìng.

③ 你姓什么? Nǐ xìng shénme?

④ 你是哪国人? Nǐ shì nǎ guó rén?

03-01

叫 jiào 통 부르다, ~라고 부르다	国 guó 명 국가, 나라
什么 shénme 대 무엇, 무슨	人 rén 명 사람
名字 míngzi 명 이름	哪国人 nǎ guó rén 어느 나라 사람
叫什么名字? Jiào shénme míngzi? 이름이 무엇입니까?	中国 Zhōngguó 고유 중국
认识 rènshi 통 알다	中国人 Zhōngguórén 명 중국인
高兴 gāoxìng 형 기쁘다	
这 zhè 대 이, 이것 ↔ 那 nà 대 저, 저것	
是 shì 통 ~이다	
朋友 péngyou 명 친구	
这是我朋友。 Zhè shì wǒ péngyou. 이 사람은 제 친구입니다.	
姓 xìng 통 성이 ~이다	
我姓张。 Wǒ xìng Zhāng. 저는 장씨입니다.	
哪 nǎ 대 어느, 어떤, 어디	

● 녹음을 듣고 따라 읽어 보세요.

▶ 03-02

1

Jiào.	叫。
Jiào shénme?	叫什么?
Jiào shénme míngzi?	叫什么名字?
Nǐ jiào shénme míngzi?	你叫什么名字?

2

Jiào.	叫。
Jiào Jīngjing.	叫京京。
Wǒ jiào Jīngjing.	我叫京京。

3

Shì.	是。
Shì Zhōngguórén.	是中国人。
Wǒ shì Zhōngguórén.	我是中国人。

이름 묻기　　　　　　　　　　　　　　▶ 03-03

Míngming	Nǐ jiào shénme míngzi? 你叫什么名字？
Jīn Mín	Wǒ jiào Jīn Mín. 我叫金珉。

교체연습

他
tā 그 사람

你朋友
nǐ péngyou 네 친구

2 처음 만났을 때

▶ 03-04

Míngming

Rènshi nǐ hěn gāoxìng.

认识你很高兴。

교체연습

见到
jiàndào 만나다

Jīn Mín

Rènshi nǐ wǒ yě hěn gāoxìng.

认识你我也很高兴。

3 친구 소개

▶ 03-05

Míngming

Jīn Mín,
金珉,
zhè shì wǒ péngyou Jīngjing.
这是我朋友京京。

Jīngjing

Nǐ hǎo! Wǒ jiào Jīngjing.
你好! 我叫京京。

Jīn Mín

Nǐ hǎo! Wǒ jiào Jīn Mín.
你好! 我叫金珉。

성씨와 국적 묻기 03-06

Jīn Mín
Nǐ xìng shénme?
你姓什么?❶

Jīngjing
Wǒ xìng Zhāng.
我姓张。

Jīn Mín
Nǐ shì nǎ guó rén?
你是哪国人?

Jīngjing
Wǒ shì Zhōngguórén.
我是中国人。

교체연습

金
Jīn 김

李
Lǐ 이

교체연습

日本人 🇯🇵
Rìběnrén 일본 사람

美国人 🇺🇸
Měiguórén 미국 사람

韩国人 🇰🇷
Hánguórén 한국 사람

TIP

❶ '你姓什么? Nǐ xìng shénme?'는 '您贵姓? Nín guì xìng?'이라고도 물을 수 있습니다.

1 구조조사 的

수식어 / 중심어

你 的 名字 너의 이름

수식어 / 중심어

他 的 电视 그의 텔레비전

• 的는 소유나 소속 관계를 나타냅니다.

这是我的汉语书。
Zhè shì wǒ de Hànyǔshū. —— 중국어책

那是他的电视。
Nà shì tā de diànshì. —— 텔레비전

중심어가 친족 또는 소속 기관을 나타내는 명칭이면 的를 생략한다.

我哥哥
wǒ gēge

我们学校
wǒmen xuéxiào —— 학교

我们公司
wǒmen gōngsī —— 회사

❶ 알맞은 단어로 구문을 완성하세요.

① 나의 책 ➡ _____ 书 shū

② 너의 아빠 ➡ _____ 爸爸 bàba

② 동사술어문

술어가 동사인 문장을 '동사술어문'이라고 한다. 목적어는 술어 뒤에 위치한다.

주어　술어　빈어(=목적어)

我　是　中国人。　나는 중국인입니다.

나는　～이다　중국인

> • 是가 주요 동사로 사용된 문장은 '是자문'이라고 합니다.

부정을 나타낼 때는 동사 앞에 不를 쓴다.

我是学生。
Wǒ shì xuésheng.

我叫京京。
Wǒ jiào Jīngjing.

→

我不是学生。
Wǒ bú shì xuésheng.

我不叫京京。
Wǒ bú jiào Jīngjing.

확인문제

❶ 알맞은 동사를 골라 중국어 문장을 완성하세요.

> 学习　　叫　　认识　　是

① 我＿＿＿她。나는 그녀를 안다.　　② 他＿＿＿汉语。그는 중국어를 공부한다.

③ 他＿＿＿老师。그는 선생님이다.　　④ 我＿＿＿京京。나는 징징이라고 해.

❷ 다음 문장을 부정문으로 바꾸세요.

① 我是学生。 Wǒ shì xuésheng.　　→ ＿＿＿＿＿＿＿＿。

② 她是中国人。 Tā shì Zhōngguórén.　　→ ＿＿＿＿＿＿＿＿。

③ 我是老师。 Wǒ shì lǎoshī.　　→ ＿＿＿＿＿＿＿＿。

④ 他是我爸爸。 Tā shì wǒ bàba.　　→ ＿＿＿＿＿＿＿＿。

③ 의문대사 의문문

什么 shénme(무엇), 哪 nǎ(어느) 등의 의문대사를 사용하여 의문문을 만들 수 있다.

A: 你叫什么名字?   당신의 이름은 무엇입니까?

　　Nǐ jiào shénme míngzi?

B: 我叫京京。   저는 징징이라고 합니다.

　　Wǒ jiào Jīngjing.

> • 기타 의문대사
> 谁 shéi 누구
> 为什么 wèishénme 왜
> 哪儿 nǎr 어디
> 怎么 zěnme 어떻게

A: 你是哪国人?   당신은 어느 나라 사람입니까?

　　Nǐ shì nǎ guó rén?

B: 我是中国人。   나는 중국 사람입니다.

　　Wǒ shì Zhōngguórén.

확인문제

❶ 다음 질문에 알맞은 대답을 고르세요.

> A 这是书。　B 我是韩国人。　C 我姓王。　D 她叫金珉。
> └── Hánguórén 한국 사람

① 你是哪国人?　Nǐ shì nǎ guó rén?　　　　② 这是什么?　Zhè shì shénme?

③ 她叫什么名字?　Tā jiào shénme míngzi?　　④ 你姓什么?　Nǐ xìng shénme?

1 녹음을 듣고 보기 에서 해당하는 발음을 고르세요.　▶ 03-07

> 보기
>
> A shénme　　B gāoxìng　　C nǎ　　D péngyou　　E zhè

① [　　]　　② [　　]　　③ [　　]　　④ [　　]　　⑤ [　　]

2 녹음을 듣고 대화의 빈칸에 알맞은 문장을 한어병음으로 쓰세요.　▶ 03-08

① A Nǐ de míngzi jiào shénme?

　 B Wǒ jiào ＿＿＿＿＿＿＿.

② A Nǐ xìng shénme?

　 B Wǒ xìng ＿＿＿＿＿＿＿.

③ A Rènshi nǐ hěn gāoxìng.

　 B ＿＿＿＿＿＿＿.

④ A Nǐ shì nǎ guó rén?

　 B Wǒ shì ＿＿＿＿＿＿＿.

3 보기 에 주어진 문장을 활용하여 사진의 사람들에 대해 묻고 대답해 보세요.

> 보기
>
> A 你姓什么?　　B 我姓王。
>
> A 你叫什么名字?　　B 我叫丽丽。

王丽 Wáng Lì

刘海 Liú Hǎi

'중국'이라는 나라

오성홍기

'중국'이라는 국가 명칭은 '중화인민공화국(中华人民共和国)'의 약칭입니다. 국기는 '오성홍기(五星红旗)'라고 부르는데, 혁명과 길상을 상징하는 붉은색 바탕에 황하 문명을 상징하는 노란색 별 다섯 개가 그려져 있습니다. 큰 별은 중국 공산당을, 나머지 네 개의 작은 별은 노동자 · 농민 · 도시소자산계급 · 민족자산계급을 상징합니다.

민족은 한족과 55개의 소수민족으로 구성되어 있으나, 전체 인구 중에 한족이 90% 이상을 차지합니다. 55개 소수민족 중에서는 쫭족(壮族 Zhuàngzú) – 만주족(满族 Mǎnzú) – 후이족(回族 Huízú) – 먀오족(苗族 Miáozú) – 웨이우얼족(维吾尔族 Wéiwú'ěrzú) – 투쟈족(土家族 Tǔjiāzú) 순으로 많습니다.

중국의 국화는 아직 정해진 것이 없으나 모란(牡丹 mǔdān)과 매화(梅花 méihuā)가 국화 심사대에 올려진 상황입니다. 국가는 '의용군행진곡(义勇军行进曲 Yìyǒngjūn xíngjìnqǔ)'이며 1982년 전국인민대표대회 제5차 회의에서 정식 국가로 지정되었습니다.

먀오족 소녀

모란

매화

你住在哪儿?

어디에 살아요?

❶ 제안하는 표현을 할 수 있다.

❷ 장소와 위치를 묻고 대답하는 표현을 익힌다.

기본
표현

❶ 你在哪儿? Nǐ zài nǎr?

❷ 我们一起吃饭吧。 Wǒmen yìqǐ chī fàn ba.

❸ 我们去哪儿吃? Wǒmen qù nǎr chī?

❹ 你住在哪儿? Nǐ zhù zài nǎr?

▶ 04-01

喂 wéi, wèi 갑 여보세요; 어이, 이봐

食堂 shítáng 명 (기관·단체 내의) 구내 식당

在 zài 동 ~에 있다 개 ~에서

家 jiā 명 집

哪儿 nǎr 대 어디

你家 nǐ jiā / 我家 wǒ jiā 너희 집 / 우리 집

你在哪儿? Nǐ zài nǎr? 당신 어디에 있어요?

钟路 Zhōnglù 고유 종로

图书馆 túshūguǎn 명 도서관

住 zhù 동 살다

饿 è 형 배고프다

宿舍 sùshè 명 기숙사

我们 wǒmen 대 우리

一起 yìqǐ 부 함께

吃 chī 동 먹다

饭 fàn 명 밥

吧 ba 조 ~하자, ~해라, ~이죠? [문장 끝에 써서 제안·명령·추측을 나타낼 때 사용]

一起吃饭吧。 Yìqǐ chī fàn ba.
함께 식사합시다.

去 qù 동 가다

녹음을 듣고 따라 읽어 보세요. ▶ 04-02

1

Zhù.	住。
Zhù zài nǎr?	住在哪儿?
Nǐ zhù zài nǎr?	你住在哪儿?

2

Chī fàn.	吃饭。
Chī fàn ba.	吃饭吧。
Yìqǐ chī fàn ba.	一起吃饭吧。
Wǒmen yìqǐ chī fàn ba.	我们一起吃饭吧。

3

Qù nǎr?	去哪儿?
Qù nǎr chī?	去哪儿吃?
Wǒmen qù nǎr chī?	我们去哪儿吃?

1 위치 묻기 1

04-03

Míngming	Wéi, Jīn Mín, nǐ zài nǎr? 喂，金珉，你在哪儿？
Jīn Mín	Wǒ zài túshūguǎn. 我在图书馆。
Míngming	Wǒ hǎo è. Wǒmen yìqǐ chī fàn ba. 我好饿。　我们一起吃饭吧。

교체연습

家
jiā 집

学校
xuéxiào 학교

 **장소 표현하기**

04-04

Jīn Mín
Wǒmen qù nǎr chī?
我们去哪儿吃?

Míngming
Wǒmen qù xuésheng shítáng ba.
我们去学生食堂吧。

Jīn Mín
Hǎo de.
好的❶。

교체연습

麦当劳
Màidāngláo
맥도날드

中国餐厅
Zhōngguó cāntīng
중식당

TIP

❶ 好的 hǎo de는 '좋아요' '알았어요'라는 뜻으로 상대방의 의견에 대해 동의하는 표현입니다.

3 위치 묻기 2

▶ 04-05

Jīngjing

Nǐ jiā zài nǎr?
你家在哪儿?

Míngming

Wǒ jiā zài Zhōnglù.
我家在钟路。

교체연습

江南
Jiāngnán 강남

大学路
Dàxuélù 대학로

위치 묻기 3

▶ 04-06

Míngming

Nǐ zhù zài nǎr?
你住在哪儿?

Jīngjing

Wǒ zhù zài sùshè.
我住在宿舍。

교체연습

宾馆
bīnguǎn 호텔

我哥哥家
wǒ gēge jiā 오빠 집

1 존재동사/개사 在

在는 「在＋장소」에서는 '～에 있다'라는 뜻의 동사로, 「在＋장소＋동작」에서는 '～에서'라는 뜻의 개사로 쓰인다.

我在学校。
Wǒ zài xuéxiào.

我在学校教学生。———— 가르치다
Wǒ zài xuéxiào jiāo xuésheng.

我在商店。———— 상점
Wǒ zài shāngdiàn.

我在商店工作。
Wǒ zài shāngdiàn gōngzuò.

확인문제

❶ 알맞은 구문을 골라 문장을 완성하세요.

A 在学校　　B 在商店　　C 在图书馆　　D 在食堂

① 我_____吃饭。
Wǒ zài shítáng chī fàn.

② 我_____学习。
Wǒ zài túshūguǎn xuéxí.

③ 我_____工作。
Wǒ zài shāngdiàn gōngzuò.

④ 我_____教学生。
Wǒ zài xuéxiào jiāo xuésheng.

② 어기조사 吧

문장 끝에 吧를 써서 상대방에게 제안 · 명령 · 추측 등의 의미를 표현할 수 있다.

- 제안

    A: 我们看电影吧。
       보다   영화
       Wǒmen kàn diànyǐng ba.

    B: 好的。
       Hǎo de.

- 명령

    看吧!
    Kàn ba!

    吃吧!
    Chī ba!

- 추측 (자신이 추측한 것을 상대방에게 확인하는 의문문)

    A: 这是你的书吧?
       Zhè shì nǐ de shū ba?

    B: 对，是我的。
       맞다
       Duì, shì wǒ de.

확인 문제

❶ 알맞은 조사를 골라 중국어 문장을 완성하세요.

A 吗	B 吧

① 你是学生___? 당신은 학생이지요?

② 他是中国人___? 그 사람은 중국인입니까?

③ 我们一起看电影___。 우리 함께 영화 보자.

④ 他是你哥哥___? 그 사람이 네 오빠지?

3 연동문(1)

한 문장에서 두 개 이상의 동사 또는 동사구가 연이어 배열된 문장을 '연동문'이라고 한다.

我们去食堂。
我们吃饭。 ⟶ 我们去食堂吃饭。

我去看电影。
Wǒ qù kàn diànyǐng.

他去图书馆学习。
Tā qù túshūguǎn xuéxí.

확인문제

❶ 다음 문장을 하나의 문장으로 바꾸세요.

① 我去中国。我见朋友。 → _____。
Wǒ qù Zhōngguó. Wǒ jiàn péngyou.

② 他去学生食堂。他吃饭。 → _____。
Tā qù xuésheng shítáng. Tā chī fàn.

③ 我哥哥去图书馆。我哥哥看书。 → _____。
Wǒ gēge qù túshūguǎn. Wǒ gēge kàn shū.

④ 他去商店。他工作。 → _____。
Tā qù shāngdiàn. Tā gōngzuò.

연습

1 녹음을 듣고 보기 에서 해당하는 발음을 고르세요. ▶ 04-07

> 보기
>
> A túshūguǎn   B nǎr   C sùshè   D qù   E chī

① ☐   ② ☐   ③ ☐   ④ ☐   ⑤ ☐

2 녹음을 듣고 대화의 빈칸에 알맞은 문장을 한어병음으로 쓰세요. ▶ 04-08

① A Nǐ zài nǎr?

B Wǒ zài _____.

② A Nǐ jiā zài nǎr?

B Wǒ jiā zài _____.

③ A Nǐ zhù zài nǎr?

B Wǒ zhù zài _____.

④ A Wǒmen qù nǎr chī?

B Wǒmen qù _____ ba.

3 보기 에 주어진 문장을 활용하여 친구가 사는 곳을 묻고 대답해 보세요.

> 보기
>
> A 你住在哪儿?   A 你家在哪儿?
> B 我住在首尔。   B 我家在钟路。

大学路 Dàxuélù 대학로

江南 Jiāngnán 강남

水源 Shuǐyuán 수원

仁川 Rénchuān 인천

중국의 주거환경

중국의 주택은 크게 단층 가옥인 平房 píngfáng과 아파트처럼 여러 층으로 된 楼房 lóufáng으로 구분할 수 있습니다. 우리나라 사람들과 마찬가지로 중국 사람들 또한 대체적으로 편리한 아파트를 선호하는 경향이 있어, 도심에서 가까운 얼환二环 èr huán 이내의 아파트 값은 올림픽을 전후로 천정부지로 상승하고 있다고 합니다.

사합원

중국의 주거환경에서 빼놓을 수 없는 것이 바로 '사합원(四合院 sìhéyuàn)'입니다. 사합원은 중국에서도 특히 베이징 토박이들의 일상 속으로 들어가면 엿볼 수 있는 전통 가옥입니다. 집 안의 마당을 중심으로 동서남북 네 면을 여러 채의 방 혹은 여러 채의 집이 둘러싸고 있어 '사합원'이라는 이름이 지어졌습니다. 이것은 하늘에서 내려다보면 입 구(口)자 형태의 건물에 하나의 대문을 두고 적게는 몇 가구에서 많게는 몇십 가구까지 함께 살았던 베이징의 전통적인 가옥이자, 주거 형식을 말합니다.

요즘 도시 개발로 철거되어 사라지고 있는 사합원은, 우리나라의 북촌과 같이 일부 지역만을 보호구로 지정하고 개 · 보수를 유도하여 정부 차원에서 보호하고 있습니다. 일부 사람들은 전통 가옥의 고풍스러운 분위기를 즐기기 위해서 사합원을 고가에 매입하기도 합니다. 최근에는 사합원을 개조하여 게스트하우스나 레스토랑을 운영하는 사람들이 늘어나면서, 우리에게도 베이징의 옛 문화를 잠시나마 느껴볼 수 있는 기회가 많이 생겼습니다.

你家有几口人?

식구가 몇 명이에요?

기본 표현

① 你家有几口人? Nǐ jiā yǒu jǐ kǒu rén?

② 我有一个哥哥。 Wǒ yǒu yí ge gēge.

③ 多大了? Duō dà le?

④ 你哥哥有女朋友吧? Nǐ gēge yǒu nǚ péngyou ba?

▶ 05-01

有 yǒu 통 있다
↔ 没有 méiyǒu 통 없다

几 jǐ 수 몇

口 kǒu 양 가족 수를 세는 양사

你家有几口人? Nǐ jiā yǒu jǐ kǒu rén?
당신은 식구가 몇입니까?

个 ge 양 개

哥哥 gēge 명 오빠, 형

和 hé 접 ~와

这里 zhèlǐ 대 이곳, 여기

房间 fángjiān 명 방

的 de 조 ~의

请 qǐng 통 ~하세요

进 jìn 통 들어가다

谁 shéi 대 누구[의문을 나타냄]

噢 ō 감 오

真 zhēn 부 정말, 진짜

帅 shuài 형 멋있다

今年 jīnnián 명 올해

多 duō 형 많다 부 얼마나[의문문에 쓰여 정
도·수량을 물음]

大 dà 형 크다, 나이가 많다

了 le 조 변화를 나타내는 어기조사

多大了? Duō dà le? 몇 살이에요?

岁 suì 명 세, 살[나이를 세는 단위]

做 zuò 통 하다, 종사하다, 만들다

工作 gōngzuò 명 일, 직업 통 일하다

公司 gōngsī 명 회사

职员 zhíyuán 명 직원

女朋友 nǚ péngyou 명 여자친구

还 hái 부 아직, 여전히

💬 녹음을 듣고 따라 읽어 보세요. ▶ 05-02

1

Èrshíliù.	二十六。
Èrshíliù suì.	二十六岁。
Jīnnián èrshíliù suì.	今年二十六岁。

2

Yǒu.	有。
Yǒu sì kǒu rén.	有四口人。
Wǒ jiā yǒu sì kǒu rén.	我家有四口人。

3

Gōngzuò.	工作。
Shénme gōngzuò?	什么工作?
Zuò shénme gōngzuò?	做什么工作?
Nǐ gēge zuò shénme gōngzuò?	你哥哥做什么工作?

1 가족 수와 구성원 묻기

05-03

Jīngjing
Nǐ jiā yǒu jǐ kǒu rén?
你家有几口人？

Jīn Mín
Wǒ jiā yǒu sì kǒu rén.
我家有四口人。

Jīngjing
Dōu yǒu shéi?
都有谁？

Jīn Mín
Bàba、māma、yí ge gēge hé wǒ.
爸爸、妈妈、一个哥哥和我。

교체연습

三
sān 셋, 3

五
wǔ 다섯, 5

Jīn Mín	**Zhèlǐ shì wǒ de fángjiān. Qǐng jìn!** 这里是我的房间。 请进❶！

교체연습

说
shuō 말하다

坐
zuò 앉다

Míngming	**Zhè shì shéi?** 这是谁？

Jīn Mín	**Tā shì wǒ gēge.** 他是我哥哥。

Míngming	**Ō, zhēn shuài! Jīnnián duō dà le?** 噢，真帅！ 今年多大了？

Jīn Mín	**Jīnnián èrshíliù suì.** 今年二十六岁。

TIP
❶ 请 qǐng은 상대가 어떠한 동작을 하기를 바랄 때 그 동작동사 앞에 쓰여 '~하세요'라는 의미를 나타냅니다.

05 你家有几口人? **85**

회화

3 직업 묻기

▶ 05-05

Míngming
Nǐ gēge zuò shénme gōngzuò?
你哥哥做什么工作?

Jīn Mín
Wǒ gēge shì gōngsī zhíyuán.
我哥哥是公司职员。

Míngming
Shì ma? Nǐ gēge yǒu nǚ péngyou ba?
是吗? 你哥哥有女朋友吧❷?

Jīn Mín
Hái méiyǒu.
还没有。

교체연습

老师
lǎoshī 선생님

大夫
dàifu 의사

TIP
❷ 有 yǒu는 '가지고 있다'는 뜻으로 소유를 나타내며, 有 yǒu의 부정은 没有 méiyǒu입니다.

1 의문사 几

의문사 几jǐ는 보통 10 이하의 숫자나 수량을 물을 때 쓰인다. 일반적으로 「几jǐ + 양사」의 형태로 쓴다.

A: 你家有几口人?
    Nǐ jiā yǒu jǐ kǒu rén?

B: 我家有四口人。
    Wǒ jiā yǒu sì kǒu rén.

A: 你要几个?
    Nǐ yào jǐ ge?　　　원하다, 필요하다

B: 我要六个。
    Wǒ yào liù ge.

10 이상의 숫자나 수량을 물을 때는 의문사 多少duōshao를 사용한다.

A: 你们班有多少学生?
    반
    Nǐmen bān yǒu duōshao xuésheng?

B: 有二十三个学生。
    Yǒu èrshísān ge xuésheng.

확인문제

❶ 다음 문장을 완성하세요.

① A: 你家有＿＿＿＿＿＿?   B: 我家有三口人。

② A: 你们班有＿＿＿＿＿?   B: 有十七个学生。

③ A: 你要＿＿＿＿＿＿?   B: 我要两个。

❷ 다음 제시된 단어를 재배열하여 문장을 완성하세요.

① 有 / 你家 / 几口人 → ＿＿＿＿＿＿＿＿?   당신은 식구가 몇 명입니까?

② 几 / 你 / 个 / 要 → ＿＿＿＿＿＿＿＿?   당신은 몇 개를 원합니까?

② 중국어 숫자

1 一 yī	2 二 èr	3 三 sān	4 四 sì	5 五 wǔ
6 六 liù	7 七 qī	8 八 bā	9 九 jiǔ	10 十 shí

1	2	3	4	5

6	7	8	9	10

1부터 10까지의 숫자를 활용해서 11에서 99까지의 숫자를 만들 수 있다.

10 十 shí	11 十一 shíyī	12 十二 shí'èr
20 二十 èrshí	21 二十一 èrshíyī	22 二十二 èrshí'èr
30 三十 sānshí	31 三十一 sānshíyī	32 三十二 sānshí'èr

100, 1,000, 10,000은 각각 앞에 一를 넣어 읽는다.

100 一百 yìbǎi	1,000 一千 yìqiān	10,000 一万 yíwàn

백 단위 이상의 숫자나 전화번호, 방 번호, 연도 등에 숫자 0이 있으면 零 líng으로 쓰고 읽는다.

101 一百零一 yì bǎi líng yī	309 三百零九 sān bǎi líng jiǔ

전화번호나 방 번호에 숫자 1이 있을 때는 一 yī가 아닌, 幺 yāo로 읽는다.

6201-3711 liù èr líng yāo sān qī yāo yāo	301 sān líng yāo

❶ 중국어로 숫자를 읽어보세요.

① 14　　② 22　　③ 109　　④ 98

❷ 중국어로 숫자를 쓰세요.

① 398 _____　　② 87 _____

③ 103 _____　　④ 1025 _____

③ 양사

'한 개'의 '개', '한 권'의 '권' 등과 같이 수량을 세는 단위를 '양사'라고 한다. '한 사람', '이 사람'과 같이
수사나 지시대사가 명사를 수식할 경우에는 꼭 양사를 쓴다.

• 양사 앞의 숫자 2는 '二 èr'이 아닌
  '两 liǎng'을 씁니다.

❶ 알맞은 양사를 쓰세요.

　　① 三___人　　② 两___书　　③ 这___杯子　　④ 那___狗

나이를 묻는 표현은 상대방의 나이에 따라 달라진다.

■ 어린아이에게: 몇 살이야?

A: 你今年几岁(了)?　　　　　　　B: 六岁。
　　Nǐ jīnnián jǐ suì (le)?　　　　　　　Liù suì.

■ 동년배에게: 나이가 어떻게 되세요?

A: 你今年多大(了)?　　　　　　　B: 二十一。
　　Nǐ jīnnián duō dà (le)?　　　　　　Èrshíyī.

■ 연세가 많은 어른께: 연세가 어떻게 되십니까?

A: 您今年多大岁数(了)?　　　　　B: 六十。
　　연세, 연령
　　Nín jīnnián duō dà suìshu (le)?　　Liùshí.

A: 您今年多大年纪(了)?　　　　　B: 六十。
　　연세, 연령
　　Nín jīnnián duō dà niánjì (le)?　　Liùshí.

※ 띠를 묻는 표현

A: 你属什么?　　　　　　　　　　B: 我属羊。
속하다　　　　　　　　　　　　　　　　　　　양
　　Nǐ shǔ shénme?　　　　　　　　　Wǒ shǔ yáng.

확인문제

❶ 대답을 보고 질문을 쓰세요.

① A: _____?　　B: 我今年二十一岁。 Wǒ jīnnián èrshíyī suì.

② A: _____?　　B: 八岁。 Bā suì.

③ A: _____?　　B: 今年七十五岁。 Jīnnián qīshíwǔ suì.

④ A: _____?　　B: 我属羊。 Wǒ shǔ yáng.

1 녹음을 듣고 보기 에서 해당하는 발음을 고르세요. ▶ 05-06

보기

A gōngsī   B méiyǒu   c shuài   D yǒu   E duō

① ☐   ② ☐   ③ ☐   ④ ☐   ⑤ ☐

2 다음 질문에 알맞은 대답을 고르세요.

① Nǐ jiā yǒu jǐ kǒu rén? ☐   A Bàba、māma hé wǒ.

② Dōu yǒu shéi? ☐   B Wǒ shì lǎoshī.

③ Tā jīnnián duō dà le? ☐   C Sì kǒu rén.

④ Nǐ zuò shénme gōngzuò? ☐   D Jīnnián èrshíliù suì.

3 보기 의 문장을 참고하여 자신의 가족을 소개해 봅시다.

보기

我家有三口人，<u>爸爸</u>、<u>妈妈</u>和我。

我爸爸今年<u>四十九</u>岁，他是<u>公司职员</u>。

我妈妈今年<u>四十五</u>岁，她是<u>老师</u>。

我今年<u>二十一</u>岁，我是<u>大学生</u>。

행운의 숫자 8

2008년 8월 8일 오후 8시. 2008 베이징 올림픽의 개막 시간입니다. 8이 3개 들어가는 이날은 혼인신고를 하려는 사람들로 인산인해를 이루었다고 합니다. 중국인이 이렇게 숫자 8에 집착하는 이유는 무엇일까요? 그것은 숫자 '8(八 bā)'의 발음이 '부유해지다'라는 뜻의 '发 fā'와 비슷하기 때문입니다. 8은 재물이 들어오는 것에 행운을 가져다 주는 의미까지 더해져 이렇게 인기가 많습니다.

중국인들은 전화번호나 자동차 번호 등에도 8이 많이 들어가는 것을 좋아합니다. '돈을 벌어들일 거예요'라는 뜻의 '要发发 yào fā fā'와 발음이 유사한 '188'로 시작되는 휴대전화 번호는 출시되자마자 40만 명이 몰려들었고, 자동차 번호 'A88888'은 14만 위안이라는 고가에 팔리기도 했으며, 한 항공회사는 '8888-8888'이라는 번호를 30만 위안에 사는 일도 있었습니다.

이 밖에, 만물의 탄생과 중용(中庸)을 상징하는 숫자 3(三 sān), 물 흐르듯 순조롭게 잘 진행된다는 의미의 '流 liú'와 발음이 같은 숫자 6(六 liù), 장수를 상징하는 '久 jiǔ(오래되다)'와 발음이 같은 숫자 9(九 jiǔ)도 중국인들이 선호하는 숫자입니다. 이와는 반대로 죽음을 뜻하는 '死 sǐ'와 발음이 같은 4(四 sì)는 중국인들이 싫어하는 숫자입니다.

중국인이 좋아하는 숫자 8을 용으로 형상화한 그림

06

复习 1~5 课

복습 1~5과

1 ~ 5과에 배운 필수 단어와 회화 표현을 확인하고 복습한다.

① 인칭대사　▶ 06-01

我 wǒ 나	我们 wǒmen 우리
你 nǐ 너 [您 nín 당신(你의 존칭)]	你们 nǐmen 너희들
他 tā 그	他们 tāmen 그들
她 tā 그녀	她们 tāmen 그녀들
它 tā 그것	它们 tāmen 그것들

② 숫자　▶ 06-02

一 yī 1	二 èr 2	三 sān 3	四 sì 4
五 wǔ 5	六 liù 6	七 qī 7	八 bā 8
九 jiǔ 9	十 shí 10	十一 shíyī 11	
		十二 shí'èr 12	

二十 èrshí 20	二十一 èrshíyī 21	三十 sānshí 30
一百 yìbǎi 100	一千 yìqiān 1,000	一万 yíwàn 10,000

❸ 가족

▶ 06-03

爷爷 yéye 할아버지

奶奶 nǎinai 할머니

姥爷 lǎoye 외할아버지

姥姥 lǎolao 외할머니

爸爸 bàba 아빠

妈妈 māma 엄마

哥哥 gēge 오빠, 형

姐姐 jiějie 언니, 누나

妹妹 mèimei 여동생

弟弟 dìdi 남동생

❹ 동사·형용사

▶ 06-04

见 jiàn 만나다, 보다

认识 rènshi 알다

学习 xuéxí 공부하다

叫 jiào 부르다, ~라고 부르다

在 zài ~에 있다

吃 chī 먹다

进 jìn 들어가다

去 qù 가다

住 zhù 살다

有 yǒu 있다[↔ 没有 méiyǒu 없다]

好 hǎo 좋다, 안녕하다

早 zǎo 이르다

久 jiǔ 오래다, 시간이 오래되다

忙 máng 바쁘다

高兴 gāoxìng 기쁘다

饿 è 배고프다

多 duō 많다

大 dà 크다, 나이가 많다

帅 shuài 멋있다

① 인사

▶ 06-05

A 你好!
Nǐ hǎo!

B 你好!
Nǐ hǎo!

A 再见!
Zàijiàn!

B 明天见!
Míngtiān jiàn!

② 감사 / 사과

▶ 06-06

A 谢谢!
Xièxie!

B 不客气。
Búkèqi.

A 对不起!
Duìbuqǐ!

B 没关系!
Méi guānxi!

③ 안부 묻기

▶ 06-07

A 最近怎么样?
Zuìjìn zěnmeyàng?

B 还可以。
Hái kěyǐ.

A 您身体好吗?
Nín shēntǐ hǎo ma?

B 很好。
Hěn hǎo.

④ 이름, 성(姓) 묻기

▶ 06-08

A 你叫什么名字?
Nǐ jiào shénme míngzi?

B 我叫京京。
Wǒ jiào Jīngjing.

A 你姓什么?
Nǐ xìng shénme?

B 我姓张。
Wǒ xìng Zhāng.

5 첫 만남 / 국적 묻기 ▶ 06-09

Ⓐ 认识你，很高兴。
Rènshi nǐ, hěn gāoxìng.

Ⓑ 认识你，我也很高兴。
Rènshi nǐ, wǒ yě hěn gāoxìng.

Ⓐ 你是哪国人？
Nǐ shì nǎ guó rén?

Ⓑ 我是韩国人。
Wǒ shì Hánguórén.

6 장소 묻기 ▶ 06-10

Ⓐ 你在哪儿？
Nǐ zài nǎr?

Ⓑ 我在图书馆。
Wǒ zài túshūguǎn.

Ⓐ 我们在哪儿吃？
Wǒmen zài nǎr chī?

Ⓑ 我们去学生食堂吧。
Wǒmen qù xuésheng shítáng ba.

7 사는 곳 묻기 ▶ 06-11

Ⓐ 你住在哪儿？
Nǐ zhù zài nǎr?

Ⓑ 我住在宿舍。
Wǒ zhù zài sùshè.

Ⓐ 你家在哪儿？
Nǐ jiā zài nǎr?

Ⓑ 我家在钟路。
Wǒ jiā zài Zhōnglù.

8 가족 수, 구성원 묻기 ▶ 06-12

Ⓐ 你家有几口人？
Nǐ jiā yǒu jǐ kǒu rén?

Ⓑ 四口人。
Sì kǒu rén.

Ⓐ 都有谁？
Dōu yǒu shéi?

Ⓑ 爸爸、妈妈、一个哥哥和我。
Bàba, māma, yí ge gēge hé wǒ.

⑨ 나이 묻기
06-13

Ⓐ 你今年多大了？
Nǐ jīnnián duō dà le?

Ⓑ 我今年二十六岁。
Wǒ jīnnián èrshíliù suì.

Ⓐ 你今年几岁？
Nǐ jīnnián jǐ suì?

Ⓑ 我今年八岁。
Wǒ jīnnián bā suì.

⑩ 직업, 기타 묻기
06-14

Ⓐ 你做什么工作？
Nǐ zuò shénme gōngzuò?

Ⓑ 我是公司职员。
Wǒ shì gōngsī zhíyuán.

Ⓐ 你有女朋友吗？
Nǐ yǒu nǚ péngyou ma?

Ⓑ 还没有。
Hái méiyǒu.

1 다음 빈칸에 알맞은 단어를 써서 퍼즐을 완성하세요.

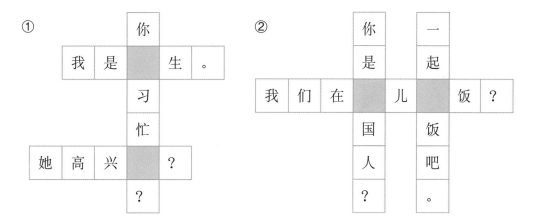

①

		你		
我	是		生	。
		习		
		忙		
她	高	兴		？
		？		

②

			你		一		
			是		起		
我	们	在		儿		饭	？
			国		饭		
			人		吧		
			？		。		

2 다음 문장을 읽고, 색으로 표시된 우리말 단어를 중국어로 바꾸어 보세요.
스토리를 연상하며 단어를 익혀 보세요.

> 오늘 우연히 징징을 만났다. 그녀는 요즘 공부하는 것이 바쁘다고 했다.
>
> 나도 학생인데 왜 나는 하나도 안 바쁘지?
>
> 아얏!!! 엄마가 "너는 공부를 안 하니까 안 바쁘지 녀석아~"라며 머리를 한 대 쥐어박고 가셨다.
>
> 징징은 중국인인데 정말 예쁘다!! 내일은 꼭 "같이 밥 먹자!"라고 얘기해 봐야지!

3 게임해 보세요.

게임방법
- 배운 단어를 적어 넣고 중국어로 말합니다. (필수 단어 참조)
- 불려진 단어를 하나씩 체크하여 먼저 세 줄을 연결하면 "빙고"를 외칩니다.

1 그림과 제시어를 보고 다음 주제와 관련한 대화를 만들어 보세요.

① 장소 묻기

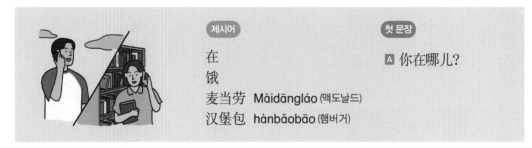

제시어

在
饿
麦当劳 Màidāngláo (맥도날드)
汉堡包 hànbǎobāo (햄버거)

첫 문장

A 你在哪儿?

② 성씨 & 국적 묻기

제시어

姓
张京 Zhāng Jīng
中国人

첫 문장

A 她姓什么?

③ 가족 수 & 구성원 묻기

제시어

爸爸
妈妈
哥哥
姐姐

첫 문장

A 你家有几口人?

④ 직업 묻기

제시어

她
老师

첫 문장

A 她做什么工作?

07

你的生日是几月几号?
생일이 몇 월 며칠이에요?

기본 표현

① 你的生日是几月几号? Nǐ de shēngrì shì jǐ yuè jǐ hào?
② 今天星期三。 Jīntiān xīngqīsān.
③ 你有时间吗? Nǐ yǒu shíjiān ma?
④ 我们一起去明洞，怎么样? Wǒmen yìqǐ qù Míngdòng, zěnmeyàng?

▶ 07-01

生日 shēngrì 명 생일

我的生日 wǒ de shēngrì 내 생일

月 yuè 명 월

号 hào 명 일

九月十号 jiǔ yuè shí hào 9월 10일

祝 zhù 통 기원하다, 축하하다

快乐 kuàilè 형 즐겁다

祝你生日快乐 zhù nǐ shēngrì kuàilè
생일 축하합니다

今天 jīntiān 명 오늘

星期 xīngqī 명 요일, 주

星期三 xīngqīsān 명 수요일

后天 hòutiān 명 모레

星期五 xīngqīwǔ 명 금요일

对 duì 형 맞다, 옳다

英语 Yīngyǔ 명 영어

考试 kǎoshì 명 시험

晚上 wǎnshang 명 저녁, 밤

时间 shíjiān 명 시간

有时间 yǒu shíjiān 시간이 있다
↔ 没有时间 méiyǒu shíjiān 시간이 없다

事 shì 명 일

什么事 shénme shì 무슨 일, 어떠한 일

明洞 Míngdòng 고유 명동

啊 a 조 문장 끝에 쓰여 긍정·의문·감탄 등을
나타내는 어기조사

녹음을 듣고 따라 읽어 보세요. ▶ 07-02

1

Wǒ de shēngrì.   我的生日。

Shì wǒ de shēngrì.   是我的生日。

Míngtiān shì wǒ de shēngrì.   明天是我的生日。

2

Yǒu.   有。

Yǒu shíjiān.   有时间。

Nǐ yǒu shíjiān ma?   你有时间吗？

Jīntiān nǐ yǒu shíjiān ma?   今天你有时间吗？

3

Qù.   去。

Qù Míngdòng.   去明洞。

Wǒmen yìqǐ qù Míngdòng.   我们一起去明洞。

1 날짜 묻기 ▶ 07-03

明明
金珉，你的生日是几月几号？
Jīn Mín, nǐ de shēngrì shì jǐ yuè jǐ hào?

金珉
五月十四号。
Wǔ yuè shísì hào.

明明
明天是你的生日！ 祝你生日快乐！
Míngtiān shì nǐ de shēngrì! Zhù nǐ shēngrì kuàilè!

金珉
谢谢！
Xièxie!

교체연습

今天
jīntiān 오늘

后天
hòutiān 모레

106

2 요일 묻기

▶ 07-04

교체연습

星期三
xīngqīsān 수요일

星期六
xīngqīliù 토요일

金珉　今天星期几?
Jīntiān xīngqī jǐ?

明明　今天星期三。
Jīntiān xīngqīsān.

金珉　后天是星期五吧?
Hòutiān shì xīngqīwǔ ba?

明明　对❶。　星期五我们有英语考试。
Duì.　Xīngqīwǔ wǒmen yǒu Yīngyǔ kǎoshì.

金珉　星期五是几号?
Xīngqīwǔ shì jǐ hào?

明明　星期五是二十四号。
Xīngqīwǔ shì èrshísì hào.

TIP
❶ 对 duì는 '맞다, 옳다'라는 뜻으로, 일반적으로 상대방의 말에 동의할 때 사용합니다.

3 약속하기

▶ 07-05

金珉 星期五晚上你有时间吗?
　　Xīngqīwǔ wǎnshang nǐ yǒu shíjiān ma?

京京 有什么事吗❷?
　　Yǒu shénme shì ma?

金珉 我们一起去明洞，怎么样?
　　Wǒmen yìqǐ qù Míngdòng, zěnmeyàng?

京京 好啊！
　　Hǎo a!

교체연습

星期天
xīngqītiān 일요일

明天晚上
míngtiān wǎnshang
내일 저녁

TIP

❷ 什么 shénme는 '무엇'이라는 뜻의 의문사로 사용되나, 什么事 shénme shì 에서 什么 shénme는 事 shì를 수식하여 '무슨'이라는 뜻으로 쓰였습니다.

어법

① 날짜 표현

연	천, 백, 십과 같은 단위 없이 각 숫자를 하나씩 읽은 후 뒤에 年nián을 붙여서 읽는다. 2004년 二零零四年 èr líng líng sì nián　　2026년 二零二六年 èr líng èr liù nián
월	해당 월의 숫자 뒤에 月yuè를 붙여서 읽는다. 1월 一月 yī yuè　　8월 八月 bā yuè　　12월 十二月 shí'èr yuè
일	일은 해당 날짜 뒤에 号hào 또는 日rì를 붙여서 읽는다. 입말에서는 주로 号를 쓰고, 글말에서는 주로 日를 쓴다. 4일 四号[日] sì hào[rì]　　　　　　24일 二十四号[日] èrshísì hào[rì]
요일	월요일부터 토요일은 星期xīngqī 다음에 一에서 六까지의 숫자를 써서 표현하며, 일요일은 星期 뒤에 天tiān 또는 日를 써서 표현한다. 星期xīngqī 대신 周zhōu를 쓰기도 한다. **월요일** 星期一 xīngqīyī　　　**화요일** 星期二 xīngqī'èr　　　**수요일** 星期三 xīngqīsān **목요일** 星期四 xīngqīsì　　　**금요일** 星期五 xīngqīwǔ　　　**토요일** 星期六 xīngqīliù **일요일** 星期天(星期日) xīngqītiān(xīngqīrì)
쓰는 순서	연·월·일·요일의 순서로 띄어쓰기 없이 쓴다. 2028년 9월 24일 일요일　二零二八年九月二十四号星期天 　　　　　　　　　　　 èr líng èr bā nián jiǔ yuè èrshísì hào xīngqītiān

---

확인문제

❶ 다음 날짜를 중국어로 말해 보세요.

　① 1975년 1월 10일 금요일　　　　　② 2031년 3월 29일 토요일

❷ 알맞은 단어로 문장을 완성하세요.

　① 今天星期三, 明天＿＿＿＿。　　② 今天是＿＿＿＿, 后天是七号。

② 시간 표시 부사어

시간을 나타내는 명사가 부사어로 쓰일 경우 문장의 처음이나 주어 뒤에 위치한다.

今天下午你有时间吗?

Jīntiān xiàwǔ nǐ yǒu shíjiān ma?

我**明天**去学校。

Wǒ míngtiān qù xuéxiào.

■ 시간을 나타내는 표현

연	작년 去年 qùnián	올해 今年 jīnnián	내년 明年 míngnián
월	지난달 上个月 shàng ge yuè 이번달 这个月 zhè ge yuè 다음달 下个月 xià ge yuè		
주	지난주 上个星期 shàng ge xīngqī 이번주 这个星期 zhè ge xīngqī 다음주 下个星期 xià ge xīngqī		
일	어제 昨天 zuótiān	오늘 今天 jīntiān	내일 明天 míngtiān
때	아침 早上 zǎoshang 오전 上午 shàngwǔ	점심 中午 zhōngwǔ 오후 下午 xiàwǔ	저녁 晚上 wǎnshang

확인문제

❶ 알맞은 단어로 문장을 완성하세요.

① 今年是二零一一年，_____是二零一二年。

② 昨天是二十八号，_____是二十九号。

❷ 다음 제시된 단어를 재배열하여 문장을 완성하세요.

① 我的生日 / 是 / 明天　➡　_____。　내일은 내 생일이다.

② 一起 / 吧 / 吃饭 / 明天　➡　_____。　내일 같이 밥 먹자.

3 명사술어문

是 없이 명사 또는 명사구가 직접 술어로 쓰이는 문장을 '명사술어문'이라고 한다. 주로 시간 · 날짜 · 요일 · 나이 · 수량 등을 나타낼 때 쓰인다.

주어 술어(명사)

今天 星期三。

> • 부정을 나타낼 때는 명사 술어 앞에 不是가 쓰이는데, 이때는 동사술어문이 됩니다.

后天二十四号。
Hòutiān èrshísì hào.

→

后天不是二十四号。
Hòutiān bú shì èrshísì hào.

확인문제

❶ 그림을 보고 명사술어문을 만들어 보세요.

①

_____。

②

_____。

❷ 다음 문장을 부정문으로 바꾸세요.

① 今天星期五。 Jīntiān xīngqīwǔ. → _____。

② 我今年二十三岁。 Wǒ jīnnián èrshísān suì. → _____。

④ 부가의문문

'~하는 게 어때요?'라며 상대방의 의향을 물을 때, 문장 끝에 **怎么样**을 부가하여 의문문을 만든다. 怎么样 대신 '좋다'는 뜻의 好를 써서 '…, 好吗？' 또는 '…, 好不好？'로 쓰기도 한다. 대답은 '好hǎo / 行 xíng' '不行 bù xíng'으로 한다.

A: 我们一起去光化门广场, 怎么样？
　　 Wǒmen yìqǐ qù Guānghuàmén guǎngchǎng, zěnmeyàng?
　　 광화문 광장

B: 好啊。/ 不行。
　　 Hǎo a. / Bù xíng.

A: 明天一起吃饭, 好不好 (好吗)？
　　 Míngtiān yìqǐ chī fàn, hǎo bu hǎo(hǎo ma)?

B: 行。/ 不行。
　　 Xíng. / Bù xíng.

확인문제

❶ 다음 문장을 완성하세요.

　① A: 周末我们一起看电影，_____？　② A: 星期天你来我家，_____？
　　 B: 好啊。　　　　　　　　　　　　　　 B: 不行。

❷ 알맞은 구문을 골라 중국어 문장을 완성하세요.

我们一起去明洞　　　我去你家

① 우리 함께 명동 가는 거 어때?　 ➡ _____, 好不好？

② 내가 너의 집에 가도 될까?　　 ➡ _____, 好吗？

▶ 07-06

1

A **明天是几月几号?**
Míngtiān shì jǐ yuè jǐ hào?

B **六月十八号。**
Liù yuè shíbā hào.

今天 jīntiān 오늘

后天 hòutiān 모레

下星期一 xià xīngqīyī 다음주 월요일

2

A **今天星期几?**
Jīntiān xīngqī jǐ?

B **今天星期三。**
Jīntiān xīngqīsān.

星期四 xīngqīsì 목요일

星期六 xīngqīliù 토요일

星期天 xīngqītiān 일요일

3

A **今天晚上一起吃饭，怎么样?**
Jīntiān wǎnshang yìqǐ chī fàn, zěnmeyàng?

B **不行。/ 行。**
Bù xíng. / Xíng.

看电影 kàn diànyǐng 영화를 보다

喝咖啡 hē kāfēi 커피를 마시다

学习 xuéxí 공부하다

1 녹음을 듣고 두 사람의 대화와 관련된 사진을 고르세요.　▶ 07-07

A　　　B　　　C　

① 　　② 　　③

2 녹음을 듣고 질문에 알맞은 대답을 고르세요.　▶ 07-08

①　A 26号　　B 24号　　C 28号

②　A 四口人　　B 三口人　　C 六口人

③　A 26岁　　B 23岁　　C 13岁

④　A 朋友家　　B 学校　　C 王老师家

3 다음 제시된 문장과 관련된 사진을 고르세요.

A　　B　　C　　D　

①　我奶奶今年七十三岁。
　　Wǒ nǎinai jīnnián qīshísān suì.

②　星期三我们有考试。
　　Xīngqīsān wǒmen yǒu kǎoshì.

③　星期六我见朋友。
　　Xīngqīliù wǒ jiàn péngyou.

④　今天是星期天。
　　Jīntiān shì xīngqītiān.

4 다음 질문에 알맞은 대답을 고르세요.

> 보기
>
> A 六岁。   B 星期五。   C 一月三号。   D 好啊!

① 你今年几岁了?
   Nǐ jīnnián jǐ suì le?

② 今天星期几?
   Jīntiān xīngqī jǐ?

③ 你的生日几月几号?
   Nǐ de shēngrì jǐ yuè jǐ hào?

④ 明天晚上一起吃饭,怎么样?
   Míngtiān wǎnshang yìqǐ chī fàn, zǎnmeyàng?

5 본문의 회화를 참고하여 스케줄표를 근거로 친구와 대화해 보세요.

① 생일 묻기

② 시험날짜 묻기

③ 약속 잡기

춘절과 중추절

중국에서 가장 큰 명절은 춘절(春节 Chūnjié)과 '중추절(中秋节 Zhōngqiūjié)입니다.

제석(除夕) 때 연야반(年夜饭)을 먹는 모습

춘절은 음력 1월 1일입니다. 춘절 하루 전날 저녁은 해가 바뀌는 저녁이라는 의미에서 除夕 Chúxī라고 부릅니다. 이날은 온 가족이 모여서 年夜饭 niányèfàn을 먹고 만두를 빚기도 하며, 많은 사람들이 즐겁게 놀면서 밤을 지새웁니다. 또 자정이 되면 묵은 해를 보내고 새해를 맞이하며 한 해의 평안을 기원하는 의미에서 온 가정에서 일제히 폭죽을 터뜨립니다.

중추절은 음력 8월 15일입니다. 중추절 밤에는 고대에 달에 제사를 지내며 평안을 기원하던 풍습이 지금까지 전해져서 보름달을 감상(赏月 shǎngyuè)합니다. 우리가 추석 때 송편을 먹는 것과 같이 중국인은 둥근 보름달의 형상을 닮은 月饼 yuèbǐng을 먹습니다. 월병은 견과류나 익힌 달걀노른자, 팥소 등을

중추절에 먹는 월병

넣어 만든 빵으로, 많은 중국인들이 중추절에 이 월병을 선물합니다. 화려한 포장과 금이 들어간 월병까지 등장하면서 그 가격이 천차만별이며, 몇 백 만원을 호가하는 월병도 있습니다.

现在几点?

지금 몇 시예요?

학습 목표

❶ 시간을 묻고 대답하는 표현을 익힌다.

❷ 중국어로 일과를 말할 수 있다.

기본 표현

❶ 现在几点? Xiànzài jǐ diǎn?

❷ 现在两点半。 Xiànzài liǎng diǎn bàn.

❸ 好累啊! Hǎo lèi a!

❹ 我给你打电话。 Wǒ gěi nǐ dǎ diànhuà.

08-01

现在 xiànzài 몡 지금, 현재

点 diǎn 몡 시

现在几点? Xiànzài jǐ diǎn?
지금 몇 시예요?

两 liǎng 주 2, 둘

半 bàn 주 절반, 1/2[시간 표현에서는 30분을
나타냄]

课 kè 몡 수업

上课 shàngkè 통 수업하다
↔ 下课 xiàkè 통 수업을 마치다

累 lèi 톙 피곤하다

好累啊! Hǎo lèi a! 정말 피곤해!

睡 shuì 통 자다
睡觉 shuìjiào 통 자다

凌晨 língchén 몡 새벽

早上 zǎoshang 몡 아침
中午 zhōngwǔ 몡 점심, 정오

起床 qǐchuáng 통 일어나다

每 měi 때 매, 각, ~마다

每天 měitiān 몡 매일

上午 shàngwǔ 몡 오전
↔ 下午 xiàwǔ 몡 오후

昨天 zuótiān 몡 어제

给 gěi 깨 ~에게 통 주다

打 dǎ 통 (전화를) 걸다

电话 diànhuà 몡 전화

打电话 dǎ diànhuà 전화를 걸다

接 jiē 통 (전화를) 받다

从…到… cóng…dào… ~부터 ~까지

从七点到九点
cóng qī diǎn dào jiǔ diǎn 7시부터 9시까지

学校 xuéxiào 몡 학교

星期四 xīngqīsì 몡 목요일

··· 녹음을 듣고 따라 읽어 보세요.   ▶ 08-02

1

| Jǐ diǎn? | 几点？ |
| Xiànzài jǐ diǎn? | 现在几点？ |

2

Liǎng diǎn.	两点。
Liǎng diǎn bàn.	两点半。
Xiànzài liǎng diǎn bàn.	现在两点半。

3

Dǎ diànhuà.	打电话。
Gěi nǐ dǎ diànhuà.	给你打电话。
Wǒ gěi nǐ dǎ diànhuà.	我给你打电话。

① 시간 물기　　　　　　　　　　　　　　　　　▶ 08-03

金珉　　**现在几点?**
　　　　Xiànzài jǐ diǎn?

교체연습

四点半
sì diǎn bàn 4시 30분

五点
wǔ diǎn 5시

明明　　**现在两点半。**
　　　　Xiànzài liǎng diǎn bàn.

金珉　　**你几点上课?**
　　　　Nǐ jǐ diǎn shàngkè?

明明　　**三点上课。**
　　　　Sān diǎn shàngkè.

2 일과 묻기

⏵ 08-04

金珉　好累啊！
　　　Hǎo lèi a!

明明　晚上你几点睡？
　　　Wǎnshang nǐ jǐ diǎn shuì?

金珉　凌晨两点。
　　　Língchén liǎng diǎn.

明明　早上几点起床？
　　　Zǎoshang jǐ diǎn qǐchuáng?

金珉　七点起床，每天上午都❶有课。
　　　Qī diǎn qǐchuáng, měitiān shàngwǔ dōu yǒu kè.

교체연습

吃饭
chī fàn 식사하다

睡觉
shuìjiào 자다

TIP
❶ 일반적으로 '매일'이라는 뜻의 **每天** měitiān 뒤에는 **都** dōu를 함께 씁니다.

08 现在几点?　121

3 일과 말하기

08-05

京京 **我昨天晚上给你打电话，没人接。**
Wǒ zuótiān wǎnshang gěi nǐ dǎ diànhuà, méi rén jiē.

金珉 **昨天晚上从七点到九点在学校。**
Zuótiān wǎnshang cóng qī diǎn dào jiǔ diǎn zài xuéxiào.

京京 **晚上也有课吗?**
Wǎnshang yě yǒu kè ma?

金珉 **每星期四晚上❷，我学英语。**
Měi xīngqīsì wǎnshang, wǒ xué Yīngyǔ.

京京 **你真忙啊!**
Nǐ zhēn máng a!

교체 연습

学习英语
xuéxí Yīngyǔ
영어를 공부하다

看电视
kàn diànshì TV를 보다

TIP

❷ 星期 xīngqī와 周 zhōu는 둘 다 '주'라는 뜻이므로, '매주'는 每星期 měi xīngqī 또는 每周 měi zhōu로 표현합니다.

1 시간 읽는 법

중국어의 시간은 点 diǎn(시)과 分 fēn(분)으로 표현한다.

2시는 二点이 아니라 **两点**으로 표현한다.

2:05   **两点(零)五分**
        liǎng diǎn (líng) wǔ fēn

> • 45분은 15분이 3개 있는 것과 같으므로 '三刻'라 표현합니다.
> • 30분은 '半'으로 나타내므로 '二刻'라는 표현은 쓰지 않습니다.

15분은 刻 kè, 30분은 半 bàn으로 쓰기도 한다.

7:15   **七点十五分**   **七点一刻**
        qī diǎn shíwǔ fēn   qī diǎn yí kè

10:30   **十点三十分**   **十点半**
        shí diǎn sānshí fēn   shí diǎn bàn

差 chà는 '부족하다, 모자라다'는 뜻으로, 'A시 B분 전'을 표현할 때 '差 B 分 A 点'이라 쓴다.

2:45   **两点四十五分**   **两点三刻**   **差一刻三点**
        liǎng diǎn sìshíwǔ fēn   liǎng diǎn sān kè   chà yí kè sān diǎn

4:55   **四点五十五分**   **差五分五点**
        sì diǎn wǔshíwǔ fēn   chà wǔ fēn wǔ diǎn

확인문제

❶ 다음 시간을 중국어로 말해 보세요.

①    ②    ③   ④

2 감탄문

감탄문은 말하는 사람의 감정을 표현하는 문장이다. 중국어에서는 '噢 ō(와우)' 등의 감탄사나 '真 zhēn(정말)', '好 hǎo(너무, 정말)' 등의 부사로 감탄을 표현하며, 문장 끝에 주로 '啊 a'를 함께 쓴다.

- 브라보(Bravo)! 한 번 더!

  好！再来一次！
  Hǎo! Zài lái yí cì!

- 와우(Wow)！ / 오(Oh)! 정말 예쁜데!

  噢！真漂亮！
  Ō! Zhēn piàoliang! ——— 예쁘다

- 정말 피곤하다!

  好累啊！
  Hǎo lèi a!

- 날씨 정말 춥다!

  天气真冷啊！
  날씨 ——— Tiānqì zhēn lěng a! ——— 춥다, 차다

확인문제

① 다음 제시된 단어를 재배열하여 문장을 완성하세요.

① 啊 / 累 / 好 → _____！ 정말 힘들다!

② 真 / 啊 / 冷 → _____！ 정말 춥다!

③ 漂亮 / 啊 / 真 → _____！ 정말 예쁘다!

④ 啊 / 大 / 好 → _____！ 정말 크다!

② 다음 질문에 알맞은 대답을 고르세요

A 真冷啊！	B 真漂亮！	C 真忙！	D 真帅！

① 他女朋友怎么样？ ☐
Tā nǚ péngyou zěnmeyàng?

② 今天天气怎么样？ ☐
Jīntiān tiānqì zěnmeyàng?

③ 她哥哥怎么样？ ☐
Tā gēge zěnmeyàng?

④ 最近怎么样？ ☐
Zuìjìn zěnmeyàng?

③ 개사 给

'주다'라는 뜻의 동사 给 gěi는 어떠한 대상 앞에서 쓰여 '~에게 ~을 해 주다'라는 뜻을 나타낸다.

我给你打电话吧。
Wǒ gěi nǐ dǎ diànhuà ba.

我给他写信。
편지를 쓰다
Wǒ gěi tā xiě xìn.

请你给我们介绍一下。
좀 ~하다
Qǐng nǐ gěi wǒmen jièshào yíxià.
소개하다

我给你买衣服。
옷
Wǒ gěi nǐ mǎi yīfu.
사다

확인문제

❶ 给가 들어갈 알맞은 위치를 고르세요.

① 今天 ☐ 我 ☐ 你 ☐ 上课 ☐ 吧。

② 请 ☐ 你 ☐ 我们 ☐ 介绍 ☐ 一下。

③ 我 ☐ 他 ☐ 写 ☐ 信。

④ ☐ 我 ☐ 你 ☐ 打 ☐ 电话吧。

❷ 다음 제시된 단어를 재배열하여 문장을 완성하세요.

① 我 / 晚上 / 上课 / 给他 → ＿＿＿＿＿＿＿＿。 저녁에 나는 그에게 수업해 준다.

② 做饭 / 给 / 我 / 爸爸 → ＿＿＿＿＿＿＿＿。 나는 아버지께 밥을 해 드린다.
zuò fàn 밥을 하다, 밥을 짓다

③ 星期天 / 打电话 / 给我 / 吧 / 你

→ ＿＿＿＿＿＿＿＿。 일요일에 나한테 전화해 줘.

④ 介绍 / 吧 / 你 / 给我 → ＿＿＿＿＿＿＿＿。 네가 나에게 소개해 줘.

从…到…

「从 A 到 B」는 'A에서 B까지'라는 의미로, 시간이나 장소의 범위를 나타낸다.

从七点到九点在学校。
Cóng qī diǎn dào jiǔ diǎn zài xuéxiào.

我从七点到八点吃早饭。
———— 아침(밥)
Wǒ cóng qī diǎn dào bā diǎn chī zǎofàn.

我从北京到上海坐火车去。
베이징 ————————————— 기차
Wǒ cóng Běijīng dào Shànghǎi zuò huǒchē qù.
상하이 타다

확인문제

❶ 从과 到를 알맞은 위치에 넣어 문장을 완성하세요.

① ____十二点____一点吃午饭。　　② 我____九点____十二点上课。
　　　　wǔfàn 점심(밥)

③ 考试____几点____几点?　　　　④ 我____十号____十八号有考试。

❷ 다음 제시된 단어를 재배열하여 문장을 완성하세요.

① 从 / 2022年 / 2019年 / 我 / 到 / 在中国

→ _____。 2019년부터 2022년까지 저는 중국에 있었습니다.

② 到 / 五点 / 从 / 在学校 / 七点

→ _____。 5시부터 7시까지 학교에 있습니다.

③ 我 / 北京 / 从 / 上海 / 坐火车去 / 到

→ _____。 저는 베이징에서 상하이까지 기차를 타고 갑니다.

▶ 08-06

1

A **你几点上课?**
Nǐ jǐ diǎn shàngkè?

B **两点。**
Liǎng diǎn.

下课 xiàkè 수업을 마치다

睡觉 shuìjiào 잠자다

吃饭 chī fàn 밥을 먹다

2

A **我给你打电话吧。**
Wǒ gěi nǐ dǎ diànhuà ba.

B **太好了。/ 谢谢!**
Tài hǎo le. / Xièxie!

买衣服 mǎi yīfu 옷을 사다

发邮件 fā yóujiàn 이메일을 보내다

发微信 fā Wēixìn 위챗을 보내다

3

A **每星期三晚上我学英语。**
Měi xīngqīsān wǎnshang wǒ xué Yīngyǔ.

B **你真忙啊!**
Nǐ zhēn máng a!

汉语 Hànyǔ 중국어

日语 Rìyǔ 일어

1 녹음을 듣고 두 사람의 대화와 관련된 그림을 고르세요. ▶ 08-07

A
B
C
D

①   ②   ③   ④

2 녹음을 듣고 질문에 알맞은 대답을 고르세요. ▶ 08-08

① A 下午十二点	B 晚上十一点	C 凌晨两点
② A 十一点	B 十二点	C 十点
③ A 下午一点	B 下午三点	C 下午两点
④ A 下午三点十五分	B 下午三点	C 下午三点半

3 다음 질문에 알맞은 대답을 고르세요.

> 보기
>
> A 他不去北京。 B 晚上十一点。 C 图书馆。 D 我朋友。

① 你几点睡？
Nǐ jǐ diǎn shuì?

② 你在哪儿学习？
Nǐ zài nǎr xuéxí?

③ 他去北京学汉语吗？
Tā qù Běijīng xué Hànyǔ ma?

④ 你给谁打电话？
Nǐ gěi shéi dǎ diànhuà?

4 다음 제시된 단어 중에서 빈칸에 들어갈 알맞은 단어를 고르세요.

> 보기
>
> A 英语　　　B 起床　　　C 打　　　D 考试

① 每天早上从7点到8点学 _____ 。

② 明天8点半有 _____ 。

③ 女：早上几点 _____ ？

　　男：八点。

④ 男：明天下午你给我 _____ 电话吧。

　　女：好的。

5 다음 스케줄표에 자신의 일과를 중국어로 쓰고, 본문의 회화 문장을 참고하여 친구와 대화해 보세요.

> 보기
>
> A 晚上六点你做什么？
>
> B 吃晚饭。
>
> 　　wǎnfàn 저녁(밥)

인터넷 유행 용어

우리나라에서 빠르게 메시지를 입력하기 위해 줄임말이나 채팅 용어를 쓰는 것처럼 중국에서도 다양한 인터넷 용어를 사용합니다. 발음을 줄여 말하거나 한어병음의 첫 자모만 따서 이야기하는 경우도 있고, 발음이 유사한 숫자를 이용해 표현하기도 합니다.

발음을 이용한 인터넷 용어

表 biǎo = 不要 búyào 됐어

造 zào = 知道 zhīdào 알다

酱 jiàng = 这样 zhèyàng 이렇게

宣 xuān = 喜欢 xǐhuān 좋아하다

한어병음을 이용한 인터넷 용어

zdl = 知道了 zhīdào le 알았어

nsdd = 你说得对 nǐ shuō de duì 네 말이 맞아

xswl = 笑死我了 xiào sǐ wǒ le 웃겨 죽겠어

bdjw = 不懂就问 bù dǒng jiù wèn 궁금해서 그러는데(=몰라서 물어보는 건데)

숫자를 이용한 인터넷 용어

88 拜拜 bàibai 바이바이(bye—bye)

530 我想你 wǒ xiǎng nǐ 보고싶어

520 我爱你 wǒ ài nǐ 사랑해

555 呜呜呜 wū wū wū ㅠㅠ

09

多少钱?

얼마예요?

학습 목표

❶ 가격을 묻고 대답하는 표현을 익힌다.

❷ 중국어로 가격 흥정과 물건 구매를 할 수 있다.

기본 표현

❶ 多少钱? Duōshao qián?

❷ 五十块。 Wǔshí kuài.

❸ 你要买什么? Nǐ yào mǎi shénme?

❹ 你要白色的还是要蓝色的? Nǐ yào báisè de háishi yào lánsè de?

09-01

条 tiáo 양 가늘고 긴 것을 세는 양사	能 néng 조통 ~할 수 있다
裙子 qúnzi 명 치마	一点儿 yìdiǎnr 양 약간, 조금
漂亮 piàoliang 형 예쁘다	那 nà 접 그러면, 그렇다면
多少 duōshao 대 얼마, 몇	就 jiù 부 곧, 바로
钱 qián 명 돈	T-恤 T-xù 명 티셔츠
多少钱? Duōshao qián? 얼마예요?	怎么 zěnme 대 어떻게
块 (钱) kuài (qián) 양 위안(元)의 입말	怎么卖? Zěnme mài? 어떻게 파세요?
便宜 piányi 형 싸다 ↔ 贵 guì 형 비싸다	还 hái 부 더, 또
服务员 fúwùyuán 명 종업원	别的 biéde 대 다른 것
要 yào 통 원하다 조통 ~하려고 하다	颜色 yánsè 명 색깔
买 mǎi 통 사다 ↔ 卖 mài 통 팔다	白色 báisè 명 흰색
件 jiàn 양 일·옷·서류 등을 세는 양사	还是 háishi 접 또는, 아니면
衣服 yīfu 명 옷	蓝色 lánsè 명 파란색
太…了 tài…le 매우 ~하다	

🔊 녹음을 듣고 따라 읽어 보세요.

▶ 09-02

1

Duōshao?	多少?
Duōshao qián?	多少钱?

2

Mǎi.	买。
Mǎi shénme?	买什么?
Yào mǎi shénme?	要买什么?
Nǐ yào mǎi shénme?	你要买什么?

3

Báisè háishi lánsè?	白色还是蓝色?
Báisè de háishi lánsè de?	白色的还是蓝色的?
Yào báisè de háishi yào lánsè de?	要白色的还是要蓝色的?

1 가격 묻기
▶ 09-03

金珉
这条裙子怎么样?
Zhè tiáo qúnzi zěnmeyàng?

京京
真漂亮! 多少钱?
Zhēn piàoliang! Duōshao qián?

金珉
五十块。
Wǔshí kuài.

京京
真便宜。
Zhēn piányi.

134

2 가격 흥정하기

服务员
你好！ 你要买什么？
Nǐ hǎo!　Nǐ yào mǎi shénme?

京京
这件衣服多少钱？
Zhè jiàn yīfu duōshao qián?

服务员
一万八千块钱。
Yíwàn bāqiān kuài qián.

京京
太贵了。 能便宜点儿吗❶？
Tài guì le.　Néng piányi diǎnr ma?

服务员
那就一万五吧。
Nà jiù yíwàn wǔ ba.

━━ TIP ━━━
❶ 一点儿 yìdiǎnr은 동사나 형용사 뒤에 사용하여 '약간, 조금'의 뜻을 나타내며, 一는 생략하기도 합니다.

3 물건 고르기

▶ 09-05

明明　这件T-恤怎么卖？
　　　Zhè jiàn T-xù zěnme mài?

服务员　九千九百块。
　　　　Jiǔqiān jiǔbǎi kuài.

明明　还有别的颜色的吗❷？
　　　Hái yǒu biéde yánsè de ma?

服务员　有。你要白色的还是要蓝色的？
　　　　Yǒu.　Nǐ yào báisè de háishi yào lánsè de?

明明　我要蓝色的。
　　　Wǒ yào lánsè de.

TIP
❷ 颜色的 yánsè de 뒤에 T-恤 T-xù가 생략된 것이며, 여기에서 的 de는 '~의(인) 것'이라는 뜻을 나타냅니다.

① 의문사 多少

의문사 几가 10 이하의 숫자나 수량을 묻는 의문문에 사용한다면, 의문사 多少는 일반적으로 10 이상의 숫자나 수량을 묻는 의문문에 사용한다. 多少는 가격을 물을 때 외에 방 호수 · 전화번호를 물을 때에도 사용된다.

A: 你的手机号码是多少?
　　 휴대전화　　　　　　　　　　　　　　 번호
　　 Nǐ de shǒujī hàomǎ shì duōshao?

B: 010-6868-9898。
　　 Líng yāo líng liù bā liù bā jiǔ bā jiǔ bā.

A: 你的房间号码是多少?
　　 Nǐ de fángjiān hàomǎ shì duōshao?

B: 308号。
　　 Sān líng bā hào.

확인문제

❶ 几와 多少 중 알맞은 것을 넣어 문장을 완성하세요.

① 你_____年级?　　　　　　② 你要_____个?

③ 你的手机号码是_____?　　④ 你的房间号码是_____?

❷ 다음 질문에 알맞은 대답을 고르세요

| A 三年级。 | B 三十二个。 | C 三口人。 | D 108号。 |

① 你家有几口人?　　　　　　② 你的房间号码是多少?
　 Nǐ jiā yǒu jǐ kǒu rén?　　　　 Nǐ de fángjiān hàomǎ shì duōshao?

③ 你几年级?　　　　　　　　④ 你要多少个?
　 Nǐ jǐ niánjí?　　　　　　　　 Nǐ yào duōshao ge?
　　　　　niánjí 학년

2 인민폐 읽는 법

중국 화폐는 인민폐(人民币 Rénmínbì, 런민삐RMB)라고 한다. 화폐단위를 말할 때는 块 kuài / 毛 máo / 分 fēn을 사용하며, 글로 쓸 때는 元 yuán / 角 jiǎo / 分 fēn을 사용한다.

35	콰이	1	마오	2	펀
三十五	块(元)	一	毛(角)	二	分
sānshíwǔ	kuài (yuán)	yī	máo (jiǎo)	èr	fēn

> • 1块(元)=10毛(角),
> 1毛(角)=10分

화폐단위 끝에 钱을 부가하기도 한다.

20元   二十块钱 èrshí kuài qián

금액의 마지막 화폐단위는 생략하기도 한다.

12.3元   十二块三(毛钱) shí èr kuài sān (máo qián)

숫자 2가 금액의 맨 앞에 있으면 일반적으로 两liǎng으로 읽는다.

219.9元   两百一十九块九(毛钱) liǎngbǎi yīshíjiǔ kuài jiǔ (máo qián)

금액의 중간에 단위가 없으면 零líng으로 읽는다.

40.06元   四十块零六分 sìshí kuài líng liù fēn

확인문제

❶ 다음 금액을 중국어로 읽어 보세요.

① 99元   ② 0.5元

③ 120.05元   ④ 205.06元

❷ 다음 금액을 숫자로 표기해 보세요.

① 六毛   → _____元   ② 一万块钱   → _____元

③ 两千五百块五 → _____元   ④ 五十块五毛八分 → _____元

③ 조동사 要, 能

要와 能은 항상 동사 앞에 쓰여서 '〜하려 하다(주관적인 의지·바람)', '〜할 수 있다(능력·가능·허가)'
를 나타낸다.

- 要 yào : 부정형은 不想이다.(不要는 '〜해서는 안 된다'는 의미를 나타낸다.)

我要去商店。
Wǒ yào qù shāngdiàn.

→

我不想去商店。
Wǒ bù xiǎng qù shāngdiàn.

你不要去商店。
Wǒ bú yào qù shāngdiàn. → 상점에 가지 마세요.

- 能 néng : 부정형은 不能을 쓴다.

我能唱歌。
노래하다
Wǒ néng chàng gē.

→

我不能唱歌。
Wǒ bù néng chàng gē.

확인문제

① 다음 문장을 부정문으로 바꾸세요.

① 我要吃饭。 Wǒ yào chī fàn. → _____。

② 他能喝酒。 Tā néng hē jiǔ. → _____。
  └ hē jiǔ 술을 마시다

② 다음 문장을 吗를 이용한 의문문으로 바꾸세요.

① 他要去北京。 Tā yào qù Běijīng. → _____?

② 她能唱歌。 Tā néng chàng gē. → _____?

선택의문문

还是는 '또는, 아니면'의 뜻으로 「A 还是 B?」 형식의 선택의문문을 표현할 때 사용한다.

A: 他去还是你去?
　　Tā qù háishi nǐ qù?

B: 我去。
　　Wǒ qù.

A: 你学汉语还是学英语?
　　Nǐ xué Hànyǔ háishi xué Yīngyǔ?

B: 我学汉语。
　　Wǒ xué Hànyǔ.

확인문제

❶ 알맞은 단어를 골라 문장을 완성하세요.

A 你哥哥, 你弟弟	B 北京, 上海
C 图书馆, 家	D 日语, 英语

① 我们在_____学习, 还是在_____学习?

② 他是_____还是_____?

③ 你学_____还是学_____?

④ 你去_____还是去_____?

▶ 09-06

1

Ⓐ **苹果怎么卖?**
Píngguǒ zěnme mài?

Ⓑ **八块五一斤。**
Bā kuài wǔ yì jīn.

苹果 píngguǒ 사과 | 斤 jīn 근

二十块三毛 20.3위안 èrshí kuài sān máo

十六块钱 16위안 shíliù kuài qián

2

Ⓐ **你要多少?**
Nǐ yào duōshao?

Ⓑ **我要两斤。**
Wǒ yào liǎng jīn.

两个 liǎng ge 2개

两张 liǎng zhāng 2장

两条 liǎng tiáo 2줄, 2마리, 2벌

3

Ⓐ **你要白色的还是要蓝色的?**
Nǐ yào báisè de háishi yào lánsè de?

Ⓑ **我要蓝色的。**
Wǒ yào lánsè de.

黑色 hēisè 검은색

黄色 huángsè 노란색

红色 hóngsè 붉은색

1 녹음을 듣고 두 사람의 대화와 관련된 그림을 고르세요.   ▶ 09-07

A   B   C   D

①   ②   ③   ④

2 녹음을 듣고 질문에 알맞은 대답을 고르세요.   ▶ 09-08

① A 十五个   B 一个   C 五个

② A 43个   B 34个   C 13个

③ A 99元   B 299元   C 290元

④ A 17.5元   B 7.05元   C 7.5元

3 다음 질문에 알맞은 대답을 고르세요.

> 보기
>
> A 我不想吃饭。   B 那就一万吧。   C 喝茶。   D 一百九十块钱。

① 你要喝水，还是要喝茶？
Nǐ yào hē shuǐ, háishi yào hē chá?

② 这件衣服多少钱？
Zhè jiàn yīfu duōshao qián?

③ 能便宜点儿吗？
Néng piányi diǎnr ma?

④ 你要去吃饭吗？
Nǐ yào qù chī fàn ma?

4 다음 제시된 단어 중에서 빈칸에 들어갈 알맞은 단어를 고르세요.

> 보기
>
> A 多少　　B 还有　　C 贵　　D 要　　E 便宜

① 我＿＿＿＿＿＿买件衣服。

② A 这本书＿＿＿＿＿＿钱？

　 B 十九块。

③ A ＿＿＿＿＿＿别的颜色的吗？

　 B 没有。

④ A 这件衣服五万块钱。

　 B 太＿＿＿＿＿＿了。能＿＿＿＿＿＿点儿吗？

5 다음 제시된 물건을 소재로 친구와 함께 물건을 사고파는 대화를 연습해 보세요.

词典 cídiǎn 사전　　　　T-恤 T-xù 티셔츠　　　　裙子 qúnzi 치마　　　　帽子 màozi 모자

> 보기
>
> 服务员　你好！你要什么？
>
> 客　人　我要买○○○。这个○○○多少钱？
>
> 服务员　□□块钱。

중국의 화폐

중국의 화폐는 '런민삐(人民币 Rénmínbì = RMB)'라고 부르며, 부호는 ¥으로 씁니다. 기본 화폐 단위는 지폐에는 圓 yuán으로 표기되어 있으나 일반적으로 元 yuán을 쓰는데, 단위는 元 - 角 jiǎo - 分 fēn이며, 1元 = 10角 = 100分입니다. 구어에서는 元을 块 kuài, 角는 毛 máo로 말합니다.

현재 제4차 화폐와 제5차 화폐가 함께 유통되고 있는데, 지폐는 주로 1元, 2元, 5元, 10元, 20元, 50元, 100元이 유통되고 있으며, 동전은 1元, 1角, 5角, 1分, 2分, 5分이 있으나, 分 단위의 화폐는 점차 사용되지 않는 추세입니다.

1980년대에 발행된 제4차 화폐에서는 통족(侗族 Dòngzú)과 야오족(瑶族 Yáozú, 1위안), 웨이우얼족(维吾尔族 Wéiwú'ěrzú)과 이족(彝族 Yízú, 2위안), 짱족(藏族 Zàngzú)과 후이족(回族 Huízú, 5위안), 한족(汉族 Hànzú)과 멍구족(蒙古族 Měnggǔzú, 10위안), 까오산족(高山族 Gāoshānzú)

과 만주족(满族 Mǎnzú, 1마오), 뿌이족(布依族 Bùyīzú)과 차오시엔족(朝鲜族 Cháoxiānzú, 2마오), 먀오족(苗族 Miáozú)과 좡족(壮族 Zhuàngzú, 5마오) 등 각 민족의 모습을 담았으며, 50위안에는 노동자, 농민, 지식인의 모습이, 100위안 지폐에는 마오쩌둥(毛泽东 Máo Zédōng), 저우언라이(周恩来 Zhōu Ēnlái), 리우샤오치(刘少奇 Liú Shàoqí), 쭈더(朱德 Zhū Dé)이 4명의 중국 공산당 수립의 핵심 인물들의 모습이 실려 있습니다.

현재 유통되고 있는 제4, 5차 화폐

1999년 공산당 창건 50주년을 기념해서 새로 발표한 제5차 화폐에서는 중국 공산당의 대표적인 인물이었던 마오쩌둥 주석의 모습을 모든 화폐의 앞면에 인쇄했습니다.

10

你吃过中国菜吗?

중국 음식 먹어 봤어요?

1 음식 및 음식 주문에 관한 표현을 익힌다.
2 중국어로 음식을 주문할 수 있다.

1 你吃过中国菜吗?　Nǐ chīguo Zhōngguócài ma?
2 你想吃什么?　Nǐ xiǎng chī shénme?
3 你来点吧。　Nǐ lái diǎn ba.
4 我会做中国菜。　Wǒ huì zuò Zhōngguócài.

▶ 10-01

过 guo 조 ~한 적이 있다

吃过 chīguo 먹어 본 적이 있다

没 méi 부 아직 ~않다 [어떤 동작이 아직 일어나
지 않음]

没吃过 méi chīguo 먹어 본 적이 없다

菜 cài 명 반찬, 요리

中国菜 Zhōngguócài 명 중국음식

想 xiǎng 조동 ~하고 싶다

来 lái 동 다른 동사 앞에 위치해서 어떤 일을 적
극적으로 하려고 하는 것을 표현함

点 diǎn 동 주문하다

糖醋肉 tángcùròu 명 탕수육

麻婆豆腐 mápódòufu 명 마파두부

主食 zhǔshí 명 주식

碗 wǎn 명 공기, 그릇

米饭 mǐfàn 명 밥

两碗米饭 liǎng wǎn mǐfàn 밥 두 공기

瓶 píng 양 병

可乐 kělè 명 콜라

一瓶可乐 yì píng kělè 콜라 한 병

味道 wèidao 명 맛

好吃 hǎochī 형 맛있다

觉得 juéde 동 ~라고 생각하다, ~라고 느끼다

最 zuì 부 가장

会 huì 조동 ~를 할 수 있다, ~를 할 줄 알다

下次 xiàcì 명 다음번

● 녹음을 듣고 따라 읽어 보세요. ▶ 10-02

1

Chīguo.　　　　　　　　　　　吃过。

Chīguo Zhōngguócài.　　　　吃过中国菜。

Chīguo Zhōngguócài ma?　　吃过中国菜吗?

Nǐ chīguo Zhōngguócài ma?　你吃过中国菜吗?

2

Chī.　　　　　　　　　　　吃。

Chī shénme?　　　　　　　吃什么?

Xiǎng chī shénme?　　　　想吃什么?

Nǐ xiǎng chī shénme?　　　你想吃什么?

3

Zuò.　　　　　　　　　　　做。

Zuò Zhōngguócài.　　　　　做中国菜。

Huì zuò Zhōngguócài.　　　会做中国菜。

Wǒ huì zuò Zhōngguócài.　我会做中国菜。

음식에 관한 표현 1　　　　　　　▶ 10-03

明明　　你吃过中国菜吗?
　　　　Nǐ chīguo Zhōngguócài ma?

교체연습

日本菜
Rìběncài 일본음식

印度菜
Yìndùcài 인도음식

金珉　　我没吃过。
　　　　Wǒ méi chīguo.

明明　　今天我们吃中国菜，怎么样?
　　　　Jīntiān wǒmen chī Zhōngguócài, zěnmeyàng?

金珉　　好啊！
　　　　Hǎo a!

明明　**你想吃什么?**
Nǐ xiǎng chī shénme?

金珉　**你来点吧。**
Nǐ lái diǎn ba.

明明　**服务员❶! 要一个糖醋肉和一个麻婆豆腐。**
Fúwùyuán! Yào yí ge tángcùròu hé yí ge mápódòufu.

服务员　**主食要什么?**
Zhǔshí yào shénme?

明明　**两碗米饭。还要一瓶可乐。**
Liǎng wǎn mǐfàn. Hái yào yì píng kělè.

服务员　**还要别的吗?**
Hái yào biéde ma?

明明　**不要了❷。谢谢!**
Bú yào le.　Xièxie!

TIP

❶ 상점이나 식당의 종업원을 부를 때, '服务员! Fúwùyuán!'이라고 합니다.

❷ '不要了。Bú yào le.'는 '됐어요'라는 뜻으로 쓰입니다. 이 문장에서 了le는 상황의 변화를 나타내며, '不…了bú…le'는 '더 이상 ~하지 않겠다'는 뜻을 표현합니다.

③ 음식에 관한 표현 2

▶ 10-05

교체연습

买
mǎi 사다

写
xiě 쓰다

明明　味道怎么样?
　　　Wèidao zěnmeyàng?

金珉　真好吃。
　　　Zhēn hǎochī.

明明　你觉得哪个菜最好吃?
　　　Nǐ juéde nǎ ge cài zuì hǎochī?

金珉　麻婆豆腐。
　　　Mápódòufu.

明明　我会做麻婆豆腐。
　　　Wǒ huì zuò mápódòufu.

金珉　真的吗❸?　下次你给我做吧。
　　　Zhēnde ma?　Xiàcì nǐ gěi wǒ zuò ba.

TIP

❸ '真的吗? Zhēnde ma?'는 '정말로요?'라는 뜻의 중국어 표현입니다. '정말이에요.'는 '真的. Zhēnde.'라고 말합니다.

① 경험을 나타내는 조사 过

过는 「동사+过」의 형식으로 쓰여 '~한 적이 있다'는 의미를 나타내며 과거의 경험을 표현한다.
부정문은 「没+동사+过」의 형식으로 쓴다.

A: 你去过中国吗?
　　Nǐ qùguo Zhōngguó ma?

B: 去过。
　　Qùguo.

　　没去过。
　　Méi qùguo.

A: 你没学过汉语吗?
　　Nǐ méi xuéguo Hànyǔ ma?

B: 没学过。
　　Méi xuéguo.

　　学过。
　　Xuéguo.

　　没有。
　　Méiyǒu.

확인문제

❶ 过가 들어갈 알맞은 위치를 고르세요.

① 我 □ 没 □ 吃 □ 中国菜 □ 。　　② 去年 □ 我 □ 去 □ 中国 □ 。

③ 我 □ 没 □ 学 □ 汉语 □ 。　　④ □ 我 □ 看 □ 这本书 □ 。

❷ 다음 질문에 알맞은 대답을 고르세요

A 没来过。	B 学过。	C 没去过。	D 见过。

① 你学过汉语吗?
　　Nǐ xuéguo Hànyǔ ma?

② 你妈妈来过学校吗?
　　Nǐ māma láiguo xuéxiào ma?

③ 你在学校见过他吗?
　　Nǐ zài xuéxiào jiànguo tā ma?

④ 他去过你家吗?
　　Tā qùguo nǐ jiā ma?

② 동사 来

来는 동사 앞에 쓰여 어떤 일을 적극적으로 하려고 하거나, 상대방에게 어떤 행동을 하게 하는 어감을 표현한다. 来가 없어도 의미에 변화는 없다.

你来点菜吧。
Nǐ lái diǎn cài ba.

我来介绍一下。
Wǒ lái jièshào yíxià.

我来帮你。
Wǒ lái bāng nǐ.
　　　　　돕다

我来做吧。
Wǒ lái zuò ba.

확인문제

❶ 다음 제시된 단어를 재배열하여 문장을 완성하세요.

① 来 / 我 / 吧 / 点菜　　→ _____。 제가 주문할게요.

② 帮 / 你 / 我 / 来　　　→ _____。 제가 도와 드릴게요.

③ 介绍一下 / 我 / 来　　→ _____。 제가 소개하겠습니다.

④ 来 / 我 / 吧 / 做　　　→ _____。 제가 하겠습니다.

③ 조동사 想, 会

- **想 xiǎng** : '~하고 싶다'라는 뜻으로, 동사 앞에 쓰여 어떤 일을 하고 싶은 바람을 표현한다.

我想听音乐。
듣다   음악
Wǒ xiǎng tīng yīnyuè.

我不想听音乐。
Wǒ bù xiǎng tīng yīnyuè.

- **会 huì** : '~할 줄 알다'라는 뜻으로, 동사 앞에 쓰여 학습이나 연습을 통해서 할 수 있는 능력을 표현한다.

你会做中国菜吗?
Nǐ huì zuò Zhōngguócài ma?

他不会跳舞。
춤추다
Tā bú huì tiàowǔ.

확인문제

❶ 다음 문장을 부정문으로 바꾸세요.

① 我想去北京。 → _____。
Wǒ xiǎng qù Běijīng.

② 我想吃饭。 → _____。
Wǒ xiǎng chī fàn.

③ 我会说英语。 → _____。
Wǒ huì shuō Yīngyǔ.

④ 我会做中国菜。→ _____。
Wǒ huì zuò Zhōngguó cài.

❷ 想과 会를 알맞은 위치에 넣어 중국어 문장을 완성하세요.

① 我＿说汉语。 저는 중국어를 할 수 있습니다.

② 我＿去看电影。 저는 영화를 보러 가고 싶습니다.

③ 我不＿跳舞。 저는 춤을 못 춥니다.

④ 我不＿买这件衣服。 저는 이옷을 사고 싶지않습니다.

10 你吃过中国菜?

▶ 10-06

①

A 你想吃什么？
Nǐ xiǎng chī shénme?

B 我想吃糖醋肉。
Wǒ xiǎng chī tángcùròu.

面条 miàntiáo 국수

米饭 mǐfàn 밥

意大利面 Yìdàlìmiàn 스파게티

②

A 还要别的吗？
Hái yào biéde ma?

B 要一碗米饭。
Yào yì wǎn mǐfàn.

一杯咖啡 yì bēi kāfēi 커피 한 잔

一杯可乐 yì bēi kělè 콜라 한 잔

③

A 你觉得哪个最好？
Nǐ juéde nǎ ge zuì hǎo?

B 这个。
Zhè ge.

好看 hǎokàn 재미있다

好吃 hǎochī 맛있다

漂亮 piàoliang 예쁘다

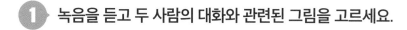

연습

1 녹음을 듣고 두 사람의 대화와 관련된 그림을 고르세요. ▶ 10-07

A 　　B 　　C 　　D

① 　　② 　　③ 　　④

2 녹음을 듣고 질문에 알맞은 대답을 고르세요. ▶ 10-08

① A 汉语	B 唱歌	C 跳舞
② A 炸酱面 └ zhájiàngmiàn 자장면	B 米饭	C 意大利面
③ A 朋友	B 他哥哥	C 他妈妈
④ A 炸酱面	B 米饭	C 面条

3 다음 그림을 보고 맞는 문장에는 √ 표를, 틀린 문장에는 X 표를 하세요.

① 他们在图书馆。　　　□
　　Tāmen zài túshūguǎn.

② 他们一起吃饭。　　　□
　　Tāmen yìqǐ chī fàn.

③ 他一个人吃饭。　　　□
　　Tā yí ge rén chī fàn.

④ 他在商店买衣服。　　□
　　Tā zài shāngdiàn mǎi yīfu.

⑤ 他们吃中国菜。　　　□
　　Tāmen chī Zhōngguócài.

4 다음 제시된 단어 중에서 빈칸에 들어갈 알맞은 단어를 고르세요.

보기

　A 想　　B 好吃　　C 最　　D 别的

① 我妈妈做的饭很_____。

② 我觉得这件衣服_____漂亮。

③ 我_____吃中国菜。

④ 男：你还要_____吗?

　　女：不要了，谢谢。

5 본문의 회화를 참조하여 음식점의 종업원과 손님이 되어서 대화해 보세요.

MENU

菜 cài 요리

糖醋肉 tángcùròu 탕수육   麻婆豆腐 mápódòufu 마파두부
宫保鸡丁 gōngbǎojīdīng 궁보계정   麻辣烫 málàtàng 마라탕

主食 zhǔshí 주식

米饭 mǐfàn 밥   鸡蛋炒饭 jīdànchǎofàn 계란볶음밥
炸酱面 zhájiàngmiàn 자장면   牛肉面 niúròumiàn 우육면

饮料 yǐnliào 음료

可乐 kělè 콜라   雪碧 xuěbì 스프라이트
橙汁 chéngzhī 오렌지주스   奶茶 nǎichá 밀크티

보기

服务员　您要点什么?

客　人　要一个<u>宫保鸡丁</u>。

服务员　还要别的吗?

客　人　还要<u>一碗米饭</u>和<u>一杯可乐</u>。

중국의 음식 문화

중국에서는 의식주 대신 '식의주'라는 말이 쓰일 정도로 음식 문화를 중시합니다.

중국인들은 음식을 먹을 때 젓가락 筷子 kuàizi을 사용하며, 음식을 덜거나 탕·국물을 먹을 때 숟가락 勺子 sháozi을 사용합니다. 아침 식사는 주로 저우(粥 zhōu 죽)·떠우쟝(豆浆 dòujiāng 콩국)·빠오즈(包子 bāozi 만두)·빙(饼 bǐng 전병) 등으로 간단하게 먹습니다. 북방 사람들은 주식으로 밀가루로 만든 면 종류의 미엔탸오(面条 miàntiáo)를 즐겨 먹는 반면 남방 사람들은 쌀밥인 미판(米饭 mǐfàn)을 즐겨 먹습니다.

중국의 음식은 지역에 따라서 4대 요리(四大菜系 sì dà cài xì) 또는 8대 요리(八大菜系 bā dà cài xì)로 구분합니다. 일반적으로는 4대 요리를 기준으로 말하는데, 산둥 지역을 중심으로 발전한 루차이(鲁菜 Lǔcài), 쓰촨 지역을 중심으로 발전한 촨차이(川菜 Chuāncài), 난징과 양저우를 중심으로 발전한 쑤차이(苏菜 Sūcài), 광둥 지역을 중심으로 발전한 위에차이(粤菜 Yuècài)가 바로 그것입니다.

루차이

촨차이

쑤차이

위에차이

루차이는 베이징 음식이 포함되어 있어 궁중 요리가 많고, 그런 만큼 음식의 외형이 다양하고 화려한 것이 특징입니다. 촨차이는 마라(麻辣 málà)를 이용한 음식이 많아 대체적으로 매운 맛을 냅니다. 쑤차이는 바다와 근접해 있는 지역의 음식인 까닭에 철에 따른 해산물이 주재료로 쓰이고, 대체적으로 담백한 맛을 냅니다. 위에차이는 '중국에서 네발 달린 것은 책상과 의자 빼고, 날아다니는 것은 비행기 빼고 다 먹는다'라는 말의 근원지인 만큼 음식의 재료가 다양합니다. 음식이 대체적으로 신선하고 부드러우며 맛과 향이 진한 것이 특징입니다.

你打算做什么?

무엇을 할 계획입니까?

학습 목표

① 계획과 여행에 관한 표현을 익힌다.

② 중국어로 여행 계획에 대한 내용을 말할 수 있다.

기본 표현

① 你打算做什么? Nǐ dǎsuan zuò shénme?

② 我打算去中国旅行。 Wǒ dǎsuan qù Zhōngguó lǚxíng.

③ 什么时候去? Shénme shíhou qù?

11-01

暑假 shǔjià 몡 여름방학, 여름휴가

打算 dǎsuan 통 ~하려고 하다, ~할 계획이다
몡 계획

北京 Běijīng 고유 베이징

旅行 lǚxíng 통 여행하다

带 dài 통 이끌다, 데리고 가다

没问题 méi wèntí 문제없다

什么时候 shénme shíhou 언제

坐 zuò 통 앉다, (탈것에) 타다

飞机 fēijī 몡 비행기

船 chuán 몡 배

方便 fāngbiàn 톙 편리하다

到 dào 통 도착하다

地方 dìfang 몡 곳, 장소

什么地方 shénme dìfang 어느 곳

故宫 Gùgōng 고유 고궁

天安门 Tiān'ānmén 고유 천안문

长城 Chángchéng 고유 만리장성

🔊 녹음을 듣고 따라 읽어 보세요.　　　　　　　　　　　　　▶ 11-02

1

Lǚxíng.　　　　　　　　　　　　旅行。

Qù Zhōngguó lǚxíng.　　　　　去中国旅行。

Dǎsuan qù Zhōngguó lǚxíng.　　打算去中国旅行。

Wǒ dǎsuan qù Zhōngguó lǚxíng.　我打算去中国旅行。

2

Zuò fēijī.　　　　　　　　　　　坐飞机。

Zuò fēijī qù.　　　　　　　　　坐飞机去。

Dǎsuan zuò fēijī qù.　　　　　打算坐飞机去。

Wǒ dǎsuan zuò fēijī qù.　　　我打算坐飞机去。

3

Qù Gùgōng.　　　　　　　　　　去故宫。

Xiǎng qù Gùgōng.　　　　　　　想去故宫。

Wǒ xiǎng qù Gùgōng.　　　　　我想去故宫。

Wǒ xiǎng qù Gùgōng、Tiān'ānmén.　我想去故宫、天安门。

1 여행 계획 묻기

▶ 11-03

民秀
这个暑假你打算做什么?
Zhè ge shǔjià nǐ dǎsuan zuò shénme?

金珉
我打算去北京旅行。
Wǒ dǎsuan qù Běijīng lǚxíng.

民秀
我也很想去❶。　你能带我去吗?
Wǒ yě hěn xiǎng qù. Nǐ néng dài wǒ qù ma?

金珉
没问题❷。
Méi wèntí.

교체연습

周末
zhōumò 주말

寒假
hánjià 겨울방학

TIP

❶ 조동사 想 xiǎng 앞에 부사 很 hěn을 부가하면 '매우 ~하고 싶다'는 뜻을 나타냅니다.
❷ 没问题 méi wèntí는 '문제없다'는 의미로, 어떤 일이라도 해낼 수 있음을 나타냅니다.

民秀 你打算什么时候去北京?
Nǐ dǎsuan shénme shíhou qù Běijīng?

金珉 八月三号。
Bā yuè sān hào.

民秀 坐飞机去还是坐船去?
Zuò fēijī qù háishi zuò chuán qù?

金珉 我打算坐飞机去，坐飞机方便。
Wǒ dǎsuan zuò fēijī qù, zuò fēijī fāngbiàn.

교체연습

火车
huǒchē 기차

公交车
gōngjiāochē 버스

3 세부 계획 묻기

11-05

民秀
你到北京，打算去什么地方？
Nǐ dào Běijīng, dǎsuan qù shénme dìfang?

金珉
故宫、天安门……我想去很多地方。你呢？
Gùgōng、Tiān'ānmén…… Wǒ xiǎng qù hěn duō dìfang.
Nǐ ne?

民秀
我没去过长城，我很想去那儿。
Wǒ méi qù guo Chángchéng, wǒ hěn xiǎng qù nàr.

金珉
我也没去过，我们一起去吧。
Wǒ yě méi qù guo, wǒmen yìqǐ qù ba.

1 打算

打算은 동사 앞에 쓰여 '~하려고 하다', '~할 계획이다'라는 뜻을 표현한다. 부정부사 不는 打算 앞에 위치한다.

我打算去北京。
Wǒ dǎsuan qù Běijīng.

你打算去哪个国家?
Nǐ dǎsuan qù nǎ ge guójiā?

他打算学汉语。
Tā dǎsuan xué Hànyǔ.

我打算买笔记本电脑。
Wǒ dǎsuan mǎi bǐjìběn diànnǎo.

확인문제

❶ 打算이 들어갈 알맞은 위치를 고르세요.

① 这个暑假 ☐ 他 ☐ 学 ☐ 汉语。

② 你 ☐ 去 ☐ 哪个 ☐ 国家?

③ 我 ☐ 在图书馆 ☐ 学习 ☐。

④ 我 ☐ 不 ☐ 回家 ☐。
　　└ huíjiā 귀가하다

❷ 打算을 넣어서 '~할 계획이다'라는 뜻의 문장으로 바꾸세요.

① 星期天我去学校。　　→ ＿＿＿＿＿＿＿。
　　Xīngqītiān wǒ qù xuéxiào.

② 暑假我去北京。　　→ ＿＿＿＿＿＿＿。
　　Shǔjià wǒ qù Běijīng.

③ 我和她一起看电影。　　→ ＿＿＿＿＿＿＿。
　　Wǒ hé tā yìqǐ kàn diànyǐng.

④ 你去哪个国家?　　→ ＿＿＿＿＿＿?
　　Nǐ qù nǎ ge guójiā?

2 什么时候, 什么地方

어떤(무슨) | 때
什么 shénme | 时候 shíhou
→ 언제(什么时候 shénme shíhou)

어떤(무슨) | 곳, 장소
什么 shénme | 地方 dìfang
→ 어디(什么地方 shénme dìfang)

什么时候는 '언제'라는 뜻으로 구체적인 시간이나 대략의 때를 묻는 의문문에 쓰인다.

你什么时候去北京?
Nǐ shénme shíhou qù Běijīng?

你什么时候来过我家?
Nǐ shénme shíhou lái guo wǒ jiā?

什么地方은 '어디, 어느 곳'라는 뜻으로 장소를 묻는 의문문에 쓰인다.

你打算去什么地方?
Nǐ dǎsuan qù shénme dìfang?

他在什么地方?
Tā zài shénme dìfang?

확인문제

❶ 什么时候 또는 什么地方이 들어갈 알맞은 위치를 고르세요.

① 你☐打算☐去☐北京?　　(什么时候)

② 他☐在☐?　　(什么地方)

③ 你☐来过☐我家☐?　　(什么时候)

④ 你☐去☐过☐?　　(什么地方)

❷ 알맞은 단어를 골라 문장을 완성하세요.

A 什么地方　　B 什么时候　　C 什么　　D 哪

① 你打算＿＿＿＿去北京?

② 你想买＿＿＿＿?

③ 你打算去＿＿＿＿?

④ 你是＿＿＿＿国人?

166

▶ 11-06

1

Ⓐ 周末你打算做什么？
Zhōumò nǐ dǎsuan zuò shénme?

Ⓑ 我打算看京剧。
Wǒ dǎsuan kàn Jīngjù.

见朋友 jiàn péngyou 친구를 만나다

休息 xiūxi 쉬다

2

Ⓐ 你打算什么时候去 北京？
Nǐ dǎsuan shénme shíhou qù Běijīng?

Ⓑ 八月三号。
Bā yuè sān hào.

上海 Shànghǎi 상하이

西安 Xī'ān 시안

3

Ⓐ 你到上海，打算去什么地方？
Nǐ dào Shànghǎi, dǎsuan qù shénme dìfang?

Ⓑ 黄浦江。
Huángpǔjiāng.

东方明珠 Dōngfāngmíngzhū 동방명주

南京路 Nánjīnglù 난징로

1 녹음을 듣고 두 사람의 대화와 관련된 그림을 고르세요. ▶ 11-07

A

B

C

D

① [ ]   ② [ ]   ③ [ ]   ④ [ ]

2 녹음을 듣고 질문에 알맞은 대답을 고르세요. ▶ 11-08

① A 明天   B 今年   C 明年
② A 上海   B 首尔   C 北京
③ A 火车   B 飞机   C 船
④ A 书   B 京剧   C 电视

3 다음 질문에 알맞은 대답을 고르세요.

> 보기
>
> A 中国。   B 飞机。   C 8月 10日。   D 北京和上海。

① 你打算什么时候去韩国? [ ]
Nǐ dǎsuan shénme shíhou qù Hánguó?

② 你想去哪个国家? [ ]
Nǐ xiǎng qù nǎ ge guójiā?

③ 你在中国去过什么地方? [ ]
Nǐ zài Zhōngguó qù guo shéme dìfang?

④ 你打算坐什么去中国? [ ]
Nǐ dǎsuan zuò shénme qù Zhōngguó?

4 다음 제시된 단어 중에서 빈칸에 들어갈 알맞은 단어를 고르세요.

보기

A 去   B 还是   C 地方   D 旅行

① 你去过什么_____？
② 坐飞机去，_____坐船去？
③ 女：这个寒假，你打算做什么？
　　男：我想去北京_____。
④ 男：你什么时候_____北京？
　　女：8月8号。

5 시안(西安)의 다음 지역을 여행한다고 가정하고 회화에서 배운 내용을 활용하여 대화해 보세요.

兵马俑 Bīngmǎyǒng 병마용

华清池 Huáqīngchí 화청지

钟楼 Zhōnglóu 종루

보기

A：这个暑假你打算做什么？

B：我打算去○○旅行。

A：你打算什么时候去○○？

B：7月25号。

A：你到○○，打算去什么地方？

B：○○、○○、○○…… 我想去很多地方。

베이징

베이징에는 가 볼 만한 관광지가 매우 많습니다. 그중에서도 베이징의 중심에 위치한 고궁(故宫 Gùgōng), 세계에서 유일하게 달에서도 볼 수 있는 건축물인 만리장성(万里长城 Wànlǐ Chángchéng), 청나라 서태후의 여름 별장이자 약 65만 8천 평에 달하는 인공 호수가 있는 이화원(颐和园 Yíhéyuán)은 유네스코가 지정한 세계문화유산입니다.

중국의 마스코트인 판다를 보고 싶다면 베이징동물원(北京动物园 Běijīng Dòngwùyuán)을, 중국풍의 특색 있는 물건을 사고 싶다면 의류 및 각종 잡화를 파는 쇼핑몰인 슈수이 시장(秀水市场 Xiùshuǐ Shìchǎng)이나 야외 박물관이라 해도 손색없는 골동품 시장인 판쟈위앤(潘家园古玩城 Pānjiāyuán Gǔwánchéng)을 둘러보는 것이 좋습니다.

이 밖에도 따산즈 예술구(大山子艺术区 Dàshānzǐ Yìshùqū; 798艺术区)나 지우창 예술구(酒厂艺术区 Jiǔchǎng Yìshùqū)에 가면 중국의 현대 미술을 느낄 수 있습니다. 또한 베이징 중심에 있는 호수인 치엔하이(前海 Qiánhǎi) 주변에 있는 후퉁(胡同 hútòng)에 가면 중국의 옛 정취를 느낄 수 있고 더불어 중국 전통 가옥인 사합원(四合院 sìhéyuàn)을 볼 수 있습니다. 치엔하이 주변의 골목 곳곳에는 전통 가옥을 개조한 카페나 술집이 많이 있는데, 닭날개 튀김이나 피자 등 우리 입맛에 맞는 음식도 만날 수 있습니다.

해가 질 무렵에는 왕푸징(王府井 Wángfǔjǐng)의 야시장으로 가서, 우리나라에서는 볼 수 없는 전갈꼬치나 참새꼬치 등 특이한 음식들을 구경하는 것도 재미있습니다.

베이징의 대표 관광지 고궁

베이징의 대표 관광지 만리장성

12

复习 7~11 课
복습 7~11과

❶ 7 ~ 11과에서 배운 필수 단어와 회화 표현을 확인하고 복습한다.

① 시간 ▶ 12-01

현재 xiànzài 지금, 현재

凌晨 língchén 새벽

早上 zǎoshang 아침

晚上 wǎnshang 저녁

上午 shàngwǔ 오전

下午 xiàwǔ 오후

昨天 zuótiān 어제

今天 jīntiān 오늘

明天 míngtiān 내일

每天 měitiān 매일

② 의복 및 색상 ▶ 12-02

裙子 qúnzi 치마

衣服 yīfu 옷

T-恤 T-xù 티셔츠

颜色 yánsè 색깔

白色 báisè 흰색

蓝色 lánsè 파란색

红色 hóngsè 빨간색

黄色 huángsè 노란색

黑色 hēisè 검정색

③ 음식 ▶ 12-03

菜 cài 음식, 요리

糖醋肉 tángcùròu 탕수육

麻婆豆腐 mápódòufu 마파두부

主食 zhǔshí 주식

米饭 mǐfàn 밥

炸酱面 zhájiàngmiàn 자장면

可乐 kělè 콜라

苹果 píngguǒ 사과

茶 chá 차

酒 jiǔ 술

④ 동사·형용사

12-04

上课 shàngkè 수업하다	**下课** xiàkè 수업을 마치다
睡觉 shuìjiào 자다	**起床** qǐchuáng 일어나다
买 mǎi 사다	**卖** mài 팔다
点 diǎn 주문하다	**做** zuò 하다, 종사하다, 만들다
要 yào 원하다, ~하려고 하다	**看** kàn 보다
说 shuō 말하다	**听** tīng 듣다
累 lèi 피곤하다	**漂亮** piàoliang 예쁘다
贵 guì 비싸다	**便宜** piányi 싸다
好吃 hǎochī 맛있다	**方便** fāngbiàn 편리하다

필수 회화

① 날짜 묻기 ▶ 12-05

A 今天几月几号?
Jīntiān jǐ yuè jǐ hào?

B 五月十四号。
Wǔ yuè shísì hào.

A 星期五是几号?
Xīngqīwǔ shì jǐ hào?

B 星期五是二十四号。
Xīngqīwǔ shì èrshísì hào.

② 요일 묻기 ▶ 12-06

A 今天星期几?
Jīntiān xīngqī jǐ?

B 今天星期三。
Jīntiān xīngqīsān.

A 后天是星期五吧?
Hòutiān shì xīngqīwǔ ba?

B 对。
Duì.

③ 시간 묻기 ▶ 12-07

A 现在几点?
Xiànzài jǐ diǎn?

B 两点半。
Liǎng diǎn bàn.

A 你几点上课?
Nǐ jǐ diǎn shàngkè?

B 三点上课。
Sān diǎn shàngkè.

④ 하루 일과 & 시간 묻기 ▶ 12-08

A 早上几点起床?
Zǎshang jǐ diǎn qǐchuáng?

B 七点。
Qī diǎn.

A 晚上你几点睡?
Wǎnshang nǐ jǐ diǎn shuì?

B 凌晨两点。
Língchén liǎng diǎn.

174

⑤ 가격 묻기

▶ 12-09

Ⓐ 多少钱?
Duōshao qián?

Ⓑ 十六块。
Shíliù kuài.

Ⓐ 这件T-恤怎么卖?
Zhè jiàn T-xù zěnme mài?

Ⓑ 九千九百块。
Jiǔqiān jiǔbǎi kuài.

⑥ 물건 흥정 & 선택하기

▶ 12-10

Ⓐ 能便宜点儿吗?
Néng piányi diǎnr ma?

Ⓑ 那就二十五吧。
Nà jiù èrshíwǔ ba.

Ⓐ 你要白色的还是要蓝色的?
Nǐ yào báisè de háishi yào lánsè de?

Ⓑ 我要蓝色的。
Wǒ yào lánsè de.

⑦ 음식 주문하기

▶ 12-11

Ⓐ 你要点什么?
Nǐ yào diǎn shénme?

Ⓑ 要一个糖醋肉。
Yào yí ge tángcùròu.

Ⓐ 主食要什么?
Zhǔshí yào shénme?

Ⓑ 两碗米饭。
Liǎng wǎn mǐfàn.

⑧ 음식 맛 묻기

▶ 12-12

Ⓐ 味道怎么样?
Wèidao zěnmeyàng?

Ⓑ 真好吃。
Zhēn hǎochī.

Ⓐ 你觉得哪个菜最好吃?
Nǐ juéde nǎ ge cài zuì hǎochī?

Ⓑ 麻婆豆腐。
Mápódòufu.

9 계획 묻기

▶ 12-13

A 周末你打算做什么?
Zhōumò nǐ dǎsuan zuò shénme?

B 我打算去北京旅行。
Wǒ dǎsuan qù Běijīng lǚxíng.

A 你打算什么时候去?
Nǐ dǎsuan shénme shíhou qù?

B 八月三号。
Bā yuè sān hào.

10 이동 수단 & 여행지 묻기

▶ 12-14

A 你打算坐什么去?
Nǐ dǎsuan zuò shénme qù?

B 坐飞机去。
Zuò fēijī qù.

A 你打算去什么地方?
Nǐ dǎsuan qù shénme dìfang?

B 故宫、天安门。
Gùgōng、Tiān'ānmén.

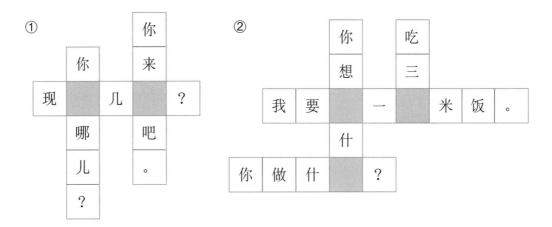

단어 익히기

1 다음 빈칸에 알맞은 단어를 써서 퍼즐을 완성하세요.

2 다음 문장을 읽고, 색으로 표시된 우리말 단어를 중국어로 바꾸어 보세요.
스토리를 연상하며 단어를 익혀 보세요.

나는 매일 아침 6시에 일어난다. 6시에서 7시까지 운동을 한 후, 밥을 먹고 학교에 가서
수업을 듣는다. 수업을 마치면 보통 학교 식당에서 밥을 먹거나 친구들과 자장면을 먹는다.

내일 오후에는 수업이 없다. 징징이 나에게 옷 사러 가는데 따라가자고 했다. 징징이는
치마와 흰색 티셔츠를 산다고 했다. 징징은 내게 따라가면 탕수육을 사 준다고 했다. 자식,
내 약점을 너무 잘 안단 말야!!

3 게임해 보세요.

게임방법
• 배운 단어를 적어 넣고 중국어로 말합니다. (필수 단어 참조)
• 불려진 단어를 하나씩 체크하여 먼저 세 줄을 연결하면 "빙고"를 외칩니다.

1 그림과 제시어를 보고 다음 주제와 관련한 대화를 만들어 보세요.

① **약속 정하기**

제시어
生日
吃饭
怎么样

첫 문장
A 今天你有时间吗?

② **하루 일과와 시간**

제시어
补习班　bǔxíbān(학원)
学英语
忙

첫 문장
A 今天晚上你做什么?

③ **물건 사기**

제시어
衣服
贵
便宜点儿

첫 문장
A 你要买什么?

④ **음식 주문하기**

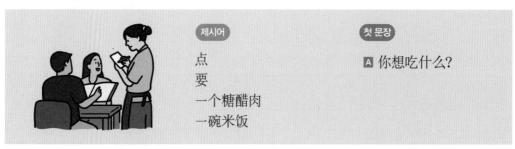

제시어
点
要
一个糖醋肉
一碗米饭

첫 문장
A 你想吃什么?

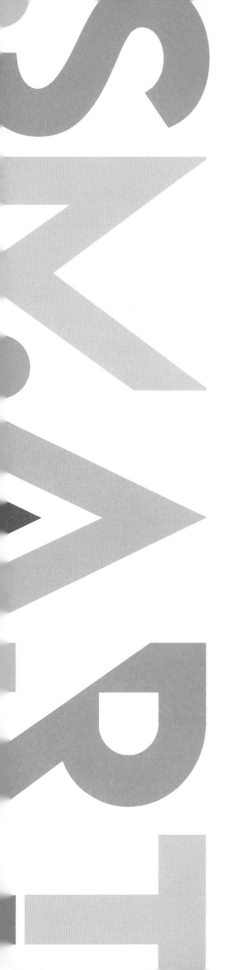

스마트 중국어

부록

STEP

1

최신
개정

· 정답 및 듣기 대본
· 본문 해석
· 단어 색인
· 한어병음표

INTRO 중국어 발음

운모 p18

1 ① ā　　② ē　　③ ē　　④ ō

|녹음| ① bā　　② dē　　③ gē　　④ pō

2 ① āo　　② ōu　　③ ēi　　④ āi

|녹음| ① tāo　　② dōu　　③ hēi　　④ gāi

3 ① uā　　② uò　　③ uǎi　　④ uì

|녹음| ① huā　　② cuò　　③ guǎi　　④ suì

4 ① ēn　　② ǒng　　③ ān　　④ ēng

|녹음| ① hēn　　② chǒng　③ gān　　④ kēng

5 ① īng　　② iàn　　③ iǒng　　④ īn

|녹음| ① tīng　　② qiàn　③ xiǒng　④ jīn

6 ① wàn　　② uǎng　③ ùn　　④ uān

|녹음| ① wàn ② zhuǎng ③ chùn ④ shuān

운모 p19

1 ① lǔ ( )　② nǔ (√)　③ yí ( )　④ lì (√)
　 lǚ (√)　　nǚ ( )　　yú (√)　lù ( )

|녹음| ① lǚ　　② nǔ　　③ yú　　④ lì

2 ① dǎi( )　② kā ( )　③ pǒu(√)④ háo(√)
　 děi(√)　kāi(√)　pǎo( )　hóu( )

|녹음| ① děi　　② kāi　　③ pǒu　　④ háo

3 ① páo ( )　② qiū (√)③ tě ( )　④ liǎ (√)
　 piáo(√)　qiāo( )　tiě(√)　lǎ ( )

|녹음| ① piáo　② qiū　　③ tiě　　④ liǎ

4 ① què (√) ② yē (√) ③ xiě ( ) ④ nüè ( )
　 qiè ( )　yuē( )　xuě(√)　niè (√)

|녹음| ① què　　② yē　　③ xuě　　④ niè

5 ① děng ( )　　② kǎn (√)
　 dǒng (√)　　kěn ( )
　③ gèng (√)　　④ hén ( )
　 gòng ( )　　hán (√)

|녹음| ① dǒng　② kǎn　③ gèng　④ hán

6 ① nàn 　( )　　② pín 　　( )
　 niàn 　(√)　　píng 　　(√)
　③ diànyǐng (√)　④ shánsàng ( )
　 dànyīn ( )　　xiǎngxiàng (√)

|녹음| ① niàn　　　② píng
　　　③ diànyǐng　　④ xiǎngxiàng

7 ① wǎn ( )　　② duǎn 　(√)
　 wáng (√)　　dǎn 　( )
　③ sūnlì ( )　　④ chūntiān (√)
　 shùnlì (√)　cēntān ( )

|녹음| ① wáng　　　② duǎn
　　　③ shùnlì　　④ chūntiān

8 ① yǎn ( )　　② xuàn ( )
　 yuán (√)　　xùn (√)
　③ jùn ( )　　④ quán ( )
　 juàn (√)　　qǔn (√)

|녹음| ① yuán　② xùn　③ juàn　④ qǔn

성모 p22

1 ① t　　② l　　③ d　　④ n

|녹음| ① tī　　② lè　　③ dù　　④ nǔ

2 ① x　　② q　　③ j　　④ x

|녹음| ① xū　　② qū　　③ jī　　④ xī

3 ① zh　② r　③ zh / ch ④ z / zh

|녹음| ① zhōuwéi　　② règǒu
　　　③ zhīchí　　④ zázhì

성모 p23

1 ① fā ( ) ② fá (√) ③ pā ( ) ④ má (√)
　　pā (√) 　　pá ( ) 　　bā (√) 　　ná ( )

| 녹음 | ① pā ② fá ③ bā ④ má

2 ① tǎ ( ) ② lù (√) ③ dā ( ) ④ má ( )
　　dǎ (√) 　　nù ( ) 　　tā (√) 　　ná (√)

| 녹음 | ① dǎ ② lù ③ tā ④ ná

3 ① kǔ ( ) ② kǎ (√) ③ kù ( ) ④ kǎi ( )
　　gǔ (√) 　　gǎ ( ) 　　hù (√) 　　hǎi (√)

| 녹음 | ① gǔ ② kǎ ③ hù ④ hǎi

4 ① kǎo ( ) ② sú (√) ③ sǎi (√) ④ cū (√)
　　cǎo (√) 　　cú ( ) 　　zǎi ( ) 　　kū ( )

| 녹음 | ① cǎo ② sú ③ sǎi ④ cū

5 ① chūcì (√) 　　② zhīchí ( )
　　chíchí ( ) 　　　 zìcí (√)
　　③ zhǐshì ( ) 　　④ shìshí ( )
　　zǐxì (√) 　　　 sìshí (√)

| 녹음 | ① chūcì ② zìcí ③ zǐxì ④ sìshí

성조 p29

1 ① fūqī ② pífū ③ dàgē ④ gēmí

| 녹음 | ① fūqī ② pífū ③ dàgē ④ gēmí

2 ① bái ② páo ③ lóu ④ léi

| 녹음 | ① bái ② páo ③ lóu ④ léi

3 ① kāikǒu ② nǔhái ③ hǎobǐ ④ kě'ài

| 녹음 | ① kāikǒu ② nǔhái ③ hǎobǐ ④ kě'ài

4 ① wài ② jiào ③ suì ④ xiù

| 녹음 | ① wài ② jiào ③ suì ④ xiù

성조 p29

1 ① pēi ( ) ② bāo ( ) ③ qú (√) ④ kǎi (√)
　　péi (√) 　　báo (√) 　　qū ( ) 　　kāi ( )

| 녹음 | ① péi ② báo ③ qú ④ kái

2 ① tǎoqì ( ) 　　② qǔ (√)
　　táoqì (√) 　　　 qú ( )
　　③ kǎohé (√) 　　④ déi ( )
　　káohé ( ) 　　　 děi (√)

| 녹음 | ① táoqì ② qǔ ③ kǎohé ④ děi

3 ① xiàoguǒ (√) 　　② xiákè ( )
　　xiāoguǒ ( ) 　　　 xiàkè (√)
　　③ xiūgǎi (√) 　　④ jiēdài (√)
　　xiūgài ( ) 　　　 jiēdāi ( )

| 녹음 | ① xiàoguǒ ② xiàkè ③ xiūgài ④ jiēdài

4 ① shānzi ( ) 　　② sǎngzi (√)
　　shànzi (√) 　　　 sángzi ( )
　　③ pāngzi ( ) 　　④ páizi (√)
　　pàngzi (√) 　　　 pǎizi ( )

| 녹음 | ① shānzi ② sǎngzi ③ pàngzi ④ páizi

성조 p31

1 ① yìnián ② yíwàn ③ yìtiān ④ yíyàng

| 녹음 | ① yìnián ② yíwàn ③ yìtiān ④ yíyàng

2 ① bú qù ② bù lěng ③ bù tīng ④ bú kàn

| 녹음 | ① bú qù ② bù lěng
　　　 ③ bù tīng ④ bú kàn

성조 p32

1 ① yírì (√) 　　② yīdián ( )
　　yìrì ( ) 　　　 yìdǎn (√)
　　③ yìpán (√) 　　④ yígòng (√)
　　yīpán ( ) 　　　 yìgòng ( )

| 녹음 | ① yírì ② yìdǎn ③ yìpán ④ yígòng

01 你好!

p40

❶ ① 你们 / 我们　　② 她们 / 他们
❷ ① B　　② D　　③ A　　④ C

p41

❶ ① 선생님, 안녕하세요!　② 너희들 안녕!

p42

❶ ① 你们好!　　② 再见!

p43

❶ ① E　　② A　　③ B　　④ C　　⑤ D

| 녹음 | ① nǐ hǎo　② lǎoshī　③ míngtiān
④ zàijiàn　⑤ nǐmen |

❷ ① Nǐ hǎo　② Zàijiàn　③ Duìbuqǐ　④ Búkèqi

| 녹음 | ① A : Nǐ hǎo!
　　 B : Nǐ hǎo!
② A : Zàijiàn!
　　 B : Míngtiān jiàn!
③ A : Duìbuqǐ.
　　 B : Méi guānxi.
④ A : Xièxie!
　　 B : Búkèqi. |

❸ ① A : 你们好!
　　 B : 你好!
② A : 再见!
　　 B : 再见!

02 你最近怎么样?

p52

❶ ① 他身体好吗　　② 他学习好吗
❷ ① 他妈妈呢　　② 你呢

p53

❶ ① 他不忙　　　　② 他身体不好
　 ③ 他学习不好　　④ 他工作不忙
❷ ① 我不忙　　　　② 他不好
　 ③ 我身体不好

p54

❶ ① C　　② B　　③ E　　④ D　　⑤ A

| 녹음 | ① shēntǐ　② xuéxí　③ máng
④ māma　⑤ kěyǐ |

❷ ① Wǒ hěn hǎo　　② Hǎo jiǔ bú jiàn
　 ③ Hái kěyǐ　　　④ Nǐ máng ma

| 녹음 | ① A : Nín shēntǐ hǎo ma?
　　 B : Wǒ hěn hǎo.
② A : Hǎo jiǔ bú jiàn!
　　 B : Hǎo jiǔ bú jiàn!
③ A : Nǐ zuìjìn zěnmeyàng?
　　 B : Hái kěyǐ.
④ A : Nǐ máng ma?
　　 B : Wǒ hěn máng. |

p55

❸ A : 你爷爷好吗?
　 B : 他很好。
　 A : 他忙吗?
　 B : 他不忙。

03 你叫什么名字?

p64

❶ ① 我的 ② 你

p65

❶ ① 认识 ② 学习 ③ 是 ④ 叫
❷ ① 我不是学生 ② 她不是中国人
③ 我不是老师 ④ 他不是我爸爸

p66

❶ ① B ② A ③ D ④ C

p67

❶ ① B ② E ③ D ④ A ⑤ C

| 녹음 | ① gāoxìng ② zhè ③ péngyou |
| | ④ shénme ⑤ nǎ |

❷ ① Jīn Mín
② Lǐ
③ Rènshi nǐ wǒ yě hěn gāoxìng
④ Hánguórén

녹음	① A : Nǐ de míngzi jiào shénme?
	B : Wǒ jiào Jīn Mín.
	② A : Nǐ xìng shénme?
	B : Wǒ xìng Lǐ.
	③ A : Rènshi nǐ hěn gāoxìng.
	B : Rènshi nǐ wǒ yě hěn gāoxìng.
	④ A : Nǐ shì nǎ guó rén?
	B : Wǒ shì Hánguórén.

❸ A : 你姓什么?
B : 我姓王。
A : 你叫什么名字?
B : 我叫王丽。

A : 你姓什么?
B : 我姓刘。
A : 你叫什么名字?
B : 我叫刘海。

04 你住在哪儿?

p76

❶ ① D ② C ③ B ④ A

p77

❶ ① B ② A ③ B ④ B

p78

❶ ① 我去中国见朋友
② 他去学生食堂吃饭
③ 我哥哥去图书馆看书
④ 他去商店工作

p79

❶ ① C ② A ③ D ④ B ⑤ E

| 녹음 | ① sùshè ② túshūguǎn |
| | ③ qù ④ nǎr ⑤ chī |

❷ ① túshūguǎn ② Zhōnglù
③ sùshè ④ xuésheng shítáng

녹음	① A : Nǐ zài nǎr?
	B : Wǒ zài túshūguǎn.
	② A : Nǐ jiā zài nǎr?
	B : Wǒ jiā zài Zhōnglù.
	③ A : Nǐ zhù zài nǎr?
	B : Wǒ zhù zài sùshè.
	④ A : Wǒmen qù nǎr chī?
	B : Wǒmen qù xuésheng shítáng ba.

❸ A：你住在哪儿?
　　B：我住在首尔。
　　A：你家在哪儿?
　　B：我家在江南。

我爸爸今年四十五岁，他是公司职员。
我妈妈今年四十岁，她是大夫。
姐姐是老师，妹妹是学生，我也是学生。

05 你家有几口人?

확인문제

p87

❶ ① 几口人　　　② 多少个学生
　　③ 几个
❷ ① 你家有几口人　② 你要几个

p89

❶ ① 十四　　　　　② 二十二
　　③ 一百零九　　　④ 九十八
❷ ① 三百九十八　　② 八十七
　　③ 一百零三　　　④ 一千零二十五

p90

❶ ① 个　　② 本　　③ 个　　④ 只

p91

❶ ① 你今年多大了
　　② 你几岁
　　③ 您今年多大岁数 / 您今年多大年纪
　　④ 你属什么

연습

p92

❶ ① E　　② D　　③ A　　④ B　　⑤ C

| 녹음 | ① duō　② yǒu　③ gōngsī
　　　④ méiyǒu　⑤ shuài |

❷ ① C　　　② A　　　③ D　　　④ B

p93

❸ 我家有五口人，爸爸、妈妈、姐姐、妹妹和我。

06 复习 1~5 课

단어 익히기

p101

❶ ①
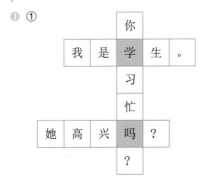

②
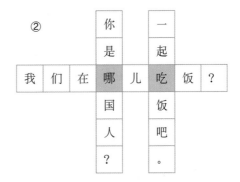

❷ 她 / 学习 / 忙 / 学生 / 妈妈 / 中国人 /
　一起吃饭吧

회화 익히기

p102

❶ ① A：你在哪儿?
　　　B：我在图书馆。

A：我很饿。
B：我们去麦当劳吃汉堡包吧。
A：好的。

② A：她姓什么？
B：她姓张。
A：她是哪国人？
B：她是中国人。

③ A：你家有几口人？
B：我家有五口人。
A：都是谁？
B：爸爸、妈妈、哥哥、姐姐和我。

④ A：她做什么工作？
B：她是老师。

07 你的生日是几月几号？

확인문제

p109

❶ ① 一九七五年一月十号星期五
　 ② 二零三一年三月二十九号星期六
❷ ① 星期四
　 ② 五号

p110

❶ ① 明年　　　　　　② 今天
❷ ① 明天是我的生日　② 明天一起吃饭吧

p111

❶ ① 现在九点半 / 今天六月十五号
　　 今天星期六
　 ② 他今年十八岁
❷ ① 今天不是星期五
　 ② 我今年不是二十三岁

p112

❷ ① 好吗 / 怎么样 / 好不好
　 ② 好吗 / 怎么样 / 好不好

❷ ① 我们一起去明洞
　 ② 我去你家

연습

p114

❶ ① B　　　② A　　　③ C

| 녹음 | ① 男：他是谁？
|　　　　女：他是我弟弟。
|　　② 男：明天是我的生日。
|　　　　女：那我们一起吃饭吧。
|　　③ 男：今天晚上我们看电影，怎么样？
|　　　　女：好。

❷ ① C　　　② A　　　③ B　　　④ C

| 녹음 | ① 昨天是3月28号，星期四。
|　　　　问：昨天是几号？
|　　② 我家有爸爸、妈妈、弟弟和我。
|　　　　问：他家有几口人？
|　　③ 我今年二十三岁。
|　　　　问：他今年多大了？
|　　④ 我明天去王老师家。
|　　　　问：他明天去哪儿？

❸ ① B　　　② A　　　③ C　　　④ D

p115

❹ ① A　　　② B　　　③ C　　　④ D
❺ ① A：你的生日是几月几号？
　　 B：五月十九号。
　　 A：今天是你的生日! 祝你生日快乐!
　　 B：谢谢!
　 ② A：后天是星期五吧？
　　 B：对，后天我们有汉语考试。
　　 A：星期五是几号？
　　 B：星期五是二十一号。
　 ③ A：星期天你有时间吗？
　　 B：有什么事吗？
　　 A：我们一起去大学路，怎么样？
　　 B：好啊!

08 现在几点?

p123

❶ ① 六点零五分
② 十一点四十五分 / 十一点三刻
差一刻十二点
③ 两点五十五分 / 差五分三点
④ 七点半 / 七点三十分

p124

❶ ① 好累啊   ② 真冷啊
③ 真漂亮啊   ④ 好大啊
❷ ① B   ② A   ③ D   ④ C

p125

❶ ① 今天我给你上课吧。
② 请你给我们介绍一下。
③ 我给他写信。
④ 我给你打电话吧。
❷ ① 晚上我给他上课
② 我给爸爸做饭
③ 星期天你给我打电话吧
④ 你给我介绍吧

p126

❶ ① 从 / 到
② 从 / 到
③ 从 / 到
④ 从 / 到
❷ ① 从2019年到2022年我在中国
② 从五点到七点在学校
③ 我从北京到上海坐火车去

p128

❶ ① B   ② D   ③ A   ④ C

|녹음| ① 女：现在几点?
男：差五分三点。
② 男：他明天几点来我家?
女：晚上六点半。
③ 女：星期天我们几点见?
男：下午两点十分。
④ 男：我们几点看电影?
女：晚上七点三刻。

❷ ① B   ② C   ③ C   ④ A

|녹음| ① 我每天晚上十一点睡。
问：他每天几点睡?
② 星期五我们十点上课。
问：星期五几点上课?
③ 我妈妈下午两点在家。
问：他妈妈几点在家?
④ 我朋友明天下午三点一刻来我家。
问：他朋友明天几点来他家?

❸ ① B   ② C   ③ A   ④ D

p129

❹ ① A   ② D   ③ B   ④ C

09 多少钱?

p137

❶ ① 几   ② 几/多少   ③ 多少   ④ 多少
❷ ① C   ② D   ③ A   ④ B

p138

❶ ① 九十九块
② 五毛
③ 一百二十块零五分
④ 两百零五块零六分

❷ ① 0.6 　　　　　② 10,000
　　③ 2500.5 　　　　④ 50.58

p139

❶ ① 我不想吃饭
　　② 他不能喝酒
❷ ① 他要去北京吗
　　② 她能唱歌吗

p140

❶ ① C　　　② A　　　③ D　　　④ B

연습

p142

❶ ① B　　　② D　　　③ C　　　④ A

| 녹음 | ① 男：你要多少？
　　　　 女：我要十二个。
　　　 ② 女：这件衣服怎么样？
　　　　 男：真漂亮！
　　　 ③ 女：苹果怎么卖？
　　　　 男：八块钱一斤。
　　　 ④ 男：这本书多少钱？
　　　　 女：三十五块钱。

❷ ① C　　　② A　　　③ B　　　④ A

| 녹음 | ① 我能吃五个苹果。
　　　　 问：他能吃几个苹果？
　　　 ② 我们班有四十三个学生。
　　　　 问：他们班有多少个学生？
　　　 ③ 这条裙子两百九十九块钱。
　　　　 问：这条裙子多少钱？
　　　 ④ 那个笔十七块五。
　　　　 问：那个笔多少钱？

❸ ① C　　② D　　③ B　　④ A

p143

❹ ① D　　② A　　③ B　　④ C / E

❺ 服务员：你好！你要什么？
　　客　人：我要买一本词典。这本词典多少钱？
　　服务员：十八块钱。

10 你吃过中国菜吗?

확인문제

p151

❶ ① 我没吃过中国菜。
　　② 去年我去过中国。
　　③ 我没学过汉语。
　　④ 我看过这本书。
❷ ① B　　　② A　　　③ D　　　④ C

p152

❶ ① 我来点菜吧
　　② 我来帮你
　　③ 我来介绍一下
　　④ 我来做吧

p153

❶ ① 我不想去北京
　　② 我不想吃饭
　　③ 我不会说英语
　　④ 我不会做中国菜
❷ ① 会
　　② 想
　　③ 会
　　④ 想

연습

p155

❶ ① C　　　② B　　　③ A　　　④ D

|녹음| ① 男: 还要别的吗?
　　　女: 要一杯可乐。

② 女: 你想吃什么?
　　男: 你来点吧。

③ 女1: 你看过这本书吗?
　　女2: 我没看过。

④ 男: 你会说英语吗?
　　女: 不会。

❷ ①A　　②C　　③A　　④C

|녹음| ① 我在北京学过汉语。
　　　问: 他学过什么?

② 我会做意大利面。
　　问: 他会做什么?

③ 王老师想见朋友。
　　问: 王老师想见谁?

④ 我要点一碗面条。
　　问: 他要点什么?

p156

❸ ①×　　②√　　③×　　④×　　⑤√
❹ ①B　　②C　　③A　　④D

p157

❺ 服务员: 您要点什么?
　　客 人: 要一个糖醋肉。
　　服务员: 还要别的吗?
　　客 人: 还要一碗米饭和一杯橙汁。

11 你打算做什么?

확인문제

p165

❶ ① 这个暑假他打算学汉语。
　　② 你打算去哪个国家?
　　③ 我打算在图书馆学习。

④ 我不打算回家。
❷ ① 星期天我打算去学校
　　② 暑假我打算去北京
　　③ 我打算和她一起看电影
　　④ 你打算去哪个国家

p166

❶ ① 你打算什么时候去北京?
　　② 他在什么地方?
　　③ 你什么时候来过我家?
　　④ 你去过什么地方?
❷ ①B　　②C　　③A　　④D

연습

p168

❶ ①C　　②B　　③A　　④D

|녹음| ① 男: 你打算坐什么去上海?
　　　女: 火车。

② 男: 你看过京剧吗?
　　女: 我没看过。

③ 女: 周末你打算做什么?
　　男: 我想看书。

④ 女: 你想喝茶还是喝可乐?
　　男: 我想喝可乐。

❷ ①C　　②A　　③C　　④B

|녹음| ① 我打算明年去北京。
　　　问: 他什么时候去北京?

② 我想去上海。
　　问: 他想去什么地方?

③ 王老师打算坐船去北京。
　　问: 王老师坐什么去北京?

④ 金珉还没看过京剧。
　　问: 金珉没看过什么?

❸ ①C　　②A　　③D　　④B

p169

❹ ①C　　②B　　③D　　④A

⑤ A : 这个暑假你打算做什么?
B : 我打算去西安旅行。
A : 你打算什么时候去西安?
B : 7月25号。
A : 你到西安,打算去什么地方?
B : 兵马俑、华清池、钟楼⋯⋯我想去很多地方。

12 复习 7~11 课

단어 익히기

p177

① ①

②

		你		吃				
		想		三				
我	要	吃	一	碗	米	饭	。	
		什						
你	做	什	么	?				

② 每天早上 / 起床 / 吃饭 / 上课 / 食堂
明天下午 / 裙子 / 白色的T-恤 / 糖醋肉

회화 익히기

p178

① ① A : 今天你有时间吗?
B : 有什么事吗?
A : 今天是我的生日,我们一起吃饭,怎么样?
B : 好啊!

② A : 今天晚上你做什么?
B : 今天晚上我去补习班学英语。
A : 你真忙啊!

③ A : 你要买什么?
B : 这件衣服多少钱?
A : 一万八千块钱。
B : 太贵了。能便宜点儿吗?
A : 那就一万五吧。

④ A : 你想吃什么?
B : 你来点吧。
A : 服务员! 要一个糖醋肉和一碗米饭。
C : 还要别的吗?
A : 不要了,谢谢!

01 你好！

#1 p36

김 민 안녕!

밍 밍 안녕!

#2 p37

학생들 선생님, 안녕하세요!

왕 선생님 여러분, 안녕하세요!

#3 p38

김 민 좋은 아침이야!

밍 밍 좋은 아침이야!

#4 p39

밍 밍 잘 개!

김 민 내일 봐!

02 你最近怎么样？

#1 p48

김 민 왕 선생님, 건강은 어떠세요?

왕 선생님 좋아. 너는?

김 민 저도 좋아요.

#2 p49

김 민 오랜만이야!

밍 밍 오랜만이야! 요즘 어때?

김 민 그런대로 좋아.

#3 p50

김 민 아버지, 어머니는 모두 잘 계시니?

밍 밍 두 분 모두 잘 지내셔.

#4 p51

김 민 공부는 바쁘니?

밍 밍 바쁘지 않아. 너는?

김 민 난 바빠.

03 你叫什么名字？

#1 p60

밍 밍 너 이름이 뭐니?

김 민 내 이름은 김민이야.

#2 p61

밍 밍 만나서 반가워.

김 민 나도 만나서 반가워.

#3 p62

밍 밍 민아, 내 친구 징징이야.

징 징 안녕! 난 징징이라고 해.

김 민 안녕! 난 김민이야.

#4 p63

김 민 너 성이 뭐니?

징 징 난 장씨야.

김 민 너는 어느 나라 사람이니?

징 징 난 중국인이야.

밍 밍 여보세요, 민아, 너 어디에 있어?

김 민 나 도서관에 있어.

밍 밍 나 배고파. 우리 같이 밥 먹자.

#2 p73

김 민 우리 어디 가서 먹을까?

밍 밍 우리 학생식당 가자.

김 민 좋아.

#3 p74

징 징 너희 집은 어디야?

밍 밍 우리 집은 종로에 있어.

#4 p75

밍 밍 넌 어디에 살아?

징 징 난 기숙사에 살아.

05 你家有几口人?

#1 p84

징 징 너희 집은 식구가 몇 명이야?

김 민 4명이야.

징 징 모두 누가 있니?

김 민 아빠, 엄마, 오빠 한 명 그리고 나.

#2 p85

김 민 여기가 내 방이야. 들어와!

밍 밍 이 사람은 누구야?

김 민 우리 오빠야.

밍 밍 우와, 정말 멋있다! 올해 몇 살이야?

김 민 올해 26살이야.

#3 p86

밍 밍 너희 오빠는 무슨 일을 하니?

김 민 우리 오빠는 회사원이야.

밍 밍 그래? 너희 오빠 여자친구 있지?

김 민 아직 없어.

07 你的生日是几月几号?

#1 p106

밍 밍 김민, 네 생일은 몇 월 며칠이니?

김 민 5월 14일이야.

밍 밍 내일이 네 생일이구나! 생일 축하해!

김 민 고마워!

#2 p107

김 민 오늘은 무슨 요일이야?

밍 밍 오늘은 수요일이야.

김 민 모레가 금요일이지?

밍 밍 맞아. 금요일에 우리 영어 시험이 있어.

김 민 금요일이 며칠이야?

밍 밍 금요일은 24일이야.

#3 p108

김 민 너 금요일 저녁에 시간 있니?

밍 밍 무슨 일인데?

김 민 우리 같이 명동 가자, 어때?

밍 밍 좋아!

08 现在几点?

#1 p120

김 민 지금 몇 시야?

밍 밍 지금 2시 30분이야.

김 민 너 몇 시에 수업하니?

밍 밍 3시에 수업이 있어.

#2 p121

김 민 정말 피곤하다!

밍 밍 너 저녁에 몇 시에 자니?

김 민 새벽 2시.

밍 밍 아침에 몇 시에 일어나니?

김 민 7시에 일어나. 매일 오전에 수업이 있거든.

#3 p122

징 징 어제 저녁에 너한테 전화했는데, 전화 안 받더라.

김 민 어제 저녁 7시에서 9시까지 학교에 있었어.

징 징 저녁에도 수업이 있어?

김 민 매주 목요일 저녁에 영어를 배워.

징 징 너 정말 바쁘구나!

09 多少钱?

#1 p134

김 민 이 치마 어때?

징 징 정말 예쁘다! 얼마야?

김 민 50위안이야.

징 징 정말 싸다.

#2 p135

점 원 안녕하세요! 무엇을 사시겠어요?

징 징 이 옷 얼마예요?

점 원 18,000원이에요.

징 징 너무 비싸요. 좀 싸게 해 줄 수 있어요?

점 원 그럼 15,000원에 드릴게요.

#3 p136

밍 밍 이 티셔츠 얼마예요?

종업원 9,900원이요.

밍 밍 다른 색깔도 있어요?

종업원 있어요. 흰색을 원해요, 아니면 파란색을 원해요?

밍 밍 파란색이요.

10 你吃过中国菜吗?

#1 p148

밍 밍 너 중국 음식 먹어 봤니?

김 민 먹어 보지 못했어.

밍 밍 우리 오늘 중국 음식 먹자, 어때?

김 민 좋아!

#2 p149

밍 밍 너 뭐 먹고 싶어?

김 민 네가 주문해.

밍 밍 여기요! 탕수육 하나, 마파두부 하나 주세요.

종업원 주식은 뭘로 하시겠어요?

밍 밍 밥 두 공기 주세요. 그리고 콜라 한 병도 주세요.

종업원 더 필요한 것 있으세요?

밍 밍 없어요. 고맙습니다.

#3 p150

밍 밍　맛이 어때?

김 민　정말 맛있어.

밍 밍　어느 요리가 제일 맛있어?

김 민　마파두부.

밍 밍　나 마파두부 만들 수 있어.

김 민　정말? 다음에는 네가 나한테 만들어 줘.

11 你打算做什么?

#1 p162

민 수　이번 여름방학에 넌 무엇을 할 계획이니?

김 민　난 베이징에 가서 여행할 계획이야.

민 수　나도 가고 싶다. 나를 데려가 줄 수 있어?

김 민　물론이지.

#2 p163

민 수　언제 베이징에 갈 계획이야?

김 민　8월 3일.

민 수　비행기 타고 가 아니면 배 타고 가?

김 민　난 비행기 타고 갈 계획이야. 비행기가 편해.

#3 p164

민 수　베이징에 도착하면 어디에 갈 계획이니?

김 민　고궁, 천안문…… 많은 곳을 가 보고 싶어. 너는?

민 수　만리장성에 가 본 적이 없어서, 가 보고 싶어.

김 민　나도 안 가 봤어. 우리 함께 가자.

한어병음표

앞에 성모가 없을 경우 앞에 y를 추가하거나, i 대신 y를 씁니다.

iou에서 o를 빼고 iu로 씁니다.

운모 성모	ai	ao	an	ang	ei	en	eng	ia	ie	iao	iou (iu)	ian	iang	in
성모가 없을 때	ai	ao	an	ang	ei	en	eng	ya	ye	yao	you	yan	yang	yin
b	bai	bao	ban	bang	bei	ben	beng		bie	biao		bian		bin
p	pai	pao	pan	pang	pei	pen	peng		pie	piao		pian		pin
m	mai	mao	man	mang	mei	men	meng		mie	miao	miu	mian		min
f			fan	fang	fei	fen	feng							
d	dai	dao	dan	dang	dei	den	deng		die	diao	diu	dian		
t	tai	tao	tan	tang			teng		tie	tiao		tian		
n	nai	nao	nan	nang	nei	nen	neng		nie	niao	niu	nian	niang	nin
l	lai	lao	lan	lang	lei		leng	lia	lie	liao	liu	lian	liang	lin
g	gai	gao	gan	gang	gei	gen	geng							
k	kai	kao	kan	kang	kei	ken	keng							
h	hai	hao	han	hang	hei	hen	heng							
j								jia	jie	jiao	jiu	jian	jiang	jin
q								qia	qie	qiao	qiu	qian	qiang	qin
x								xia	xie	xiao	xiu	xian	xiang	xin
z	zai	zao	zan	zang	zei	zen	zeng							
c	cai	cao	can	cang		cen	ceng							
s	sai	sao	san	sang		sen	seng							
zh	zhai	zhao	zhan	zhang	zhei	zhen	zheng							
ch	chai	chao	chan	chang		chen	cheng							
sh	shai	shao	shan	shang	shei	shen	sheng							
r		rao	ran	rang		ren	reng							

한어병음표

ing	iong	ou	ong	ua	uo	uai	uan	uang	uei (ui)	uen (un)	ueng	üe	üan	ün	er
ying	yong	ou			wa	wo	wai	wan	wang	wei	wen	weng	yue	yuan	yun	er
bing															
ping		pou													
ming		mou													
		fou													
ding		dou	dong		duo		duan		dui	dun					
ting		tou	tong		tuo		tuan		tui	tun					
ning		nou	nong		nuo		nuan					nüe			
ling		lou	long		luo		luan			lun		lüe			
		gou	gong	gua	guo	guai	guan	guang	gui	gun					
		kou	kong	kua	kuo	kuai	kuan	kuang	kui	kun					
		hou	hong	hua	huo	huai	huan	huang	hui	hun					
jing	jiong											jue	juan	jun	
qing	qiong											que	quan	qun	
xing	xiong											xue	xuan	xun	
		zou	zong		zuo		zuan		zui	zun					
		cou	cong		cuo		cuan		cui	cun					
		sou	song		suo		suan		sui	sun					
		zhou	zhong	zhua	zhuo	zhuai	zhuan	zhuang	zhui	zhun					
		chou	chong	chua	chuo	chuai	chuan	chuang	chui	chun					
		shou		shua	shuo	shuai	shuan	shuang	shui	shun					
		rou	rong	rua	ruo		ruan		rui	run					

u를 w로 씁니다.

ü를 yu로 씁니다.

ü를 u로 씁니다.

uei에서 e를 빼고 ui로 씁니다.

uen에서 e를 빼고 un으로 씁니다.

MEMO

MEMO

MEMO

MEMO

중국어, 똑똑하게 배우자!

스마트 중국어

워크북

STEP

1

최신
개정

동양북스

你 你 你 你 你 你 你

你
你

你好! 你好!
Nǐ hǎo! 안녕하세요! Nǐ hǎo!

nǐ 너, 당신

您 您 您 您 您 您 您 您 您 您 您

您
您

您好! 您好!
Nín hǎo! 안녕하세요! Nín hǎo!

nín 당신(你의 존칭)

早 早 早 早 早 早

早
早

早! 早!
Zǎo! 좋은 아침이에요! Zǎo!

zǎo 이르다, 아침

学 学 学 学 学 学 学 学

学
学

学生 学生
xuésheng 학생 xuésheng

xué 배우다

2

师 师 师 师 师 师

师

师

老师　　　老师

shī 선생, 스승

lǎoshī 선생님　　lǎoshī

们 们 们 们 们

们

们

你们　　　你们

men ~들

nǐmen 당신들, 너희들　　nǐmen

见 见 见 见

见

见

再见!　　　再见!

jiàn 만나다, 보다

Zàijiàn! 잘 개, 안녕히 가세요!　　Zàijiàn!

明 明 明 明 明 明 明 明

明

明

明天　　　明天

míng 내일, 밝다

míngtiān 내일　　míngtiān

STEP ① 녹음을 듣고, 대화의 내용을 추측해 보세요. ▶ W01-01

STEP ② 녹음을 들으며 빈칸에 알맞은 단어와 한어병음을 써 보세요.

① ▶ W01-02

金珉　　你_____!
　　　　Nǐ _____!

明明　　你好!
　　　　Nǐ hǎo!

② ▶ W01-03

学生们　　老师好!
　　　　　Lǎoshī hǎo!

王老师　　_____好!
　　　　　_____ hǎo!

③ ▶ W01-04

金珉　　_____!
　　　　_____!

明明　　早!
　　　　Zǎo!

4

明明 　　　 再_____!
　　　　　 Zài_____!

金珉 　　　 明天见!
　　　　　 Míngtiān jiàn!

STEP ❸ 역할을 바꾸어 대화해 봅시다.

① A형 ▶ WO1-06

② B형 ▶ WO1-07

☞ 녹음은 두 번 반복되어 나옵니다.
　① A형에는 첫 번째 사람의 녹음이 비어 있습니다.
　② B형에는 두 번째 사람의 녹음이 비어 있습니다.
　녹음이 빈 부분에 자신의 목소리로 스피킹 연습을 해 보세요.
　(매 과 본문 받아쓰기&스피킹 훈련의 STEP3 연습 방법은 동일하며,
　연습 방법 설명은 1과에만 제시합니다.)

1 녹음을 들으며 따라 써 보세요.(운모 연습) ▶ W01-08

mmāma   pópo   gēge

_____   _____   _____

dìdi   kū   nǚ'ér

_____   _____   _____

2 녹음을 들으며 따라 써 보세요.(성모 연습) ▶ W01-09

bā   pā   mǎ   fā

_____   _____   _____   _____

dà   tā   nǐ   lā

_____   _____   _____   _____

3 다음 중국어 단어에 알맞은 한어병음을 고르세요.

(1) 早   ·   A xuésheng

(2) 老师   ·   B nǐ

(3) 学生   ·   C lǎoshī

(4) 你们   ·   D zǎo

(5) 你   ·   E nǐmen

4 다음 그림을 보고 빈칸에 알맞은 중국어 단어를 쓰세요.

(1)

A 老师，您好!

B _____好!

(2)

A 明天见!

B ____见!

(3)

A _____!

B 不客气!

5 다음 한국어 문장을 중국어로 말해 보세요.

(1) 안녕하세요? ····▶ _____

(2) 잘 가. ····▶ _____

(3) 미안해. ····▶ _____

(4) 괜찮아. ····▶ _____

体体体体体体体

体

tǐ 몸, 신체, 건강

体

身体　身体
shēntǐ 몸, 신체, 건강　shēntǐ

吗吗吗吗吗吗

吗

ma 의문을 나타내는 조사

吗

好吗　好吗
hǎo ma ～하는 게 어때?　hǎo ma

久久久

久

jiǔ 오래다, 시간이 오래되다

久

好久　好久
hǎo jiǔ 아주 오래되다　hǎo jiǔ

不不不不

不

bù ～이 아니다

不

不见　不见
bú jiàn 만나지 못하다　bú jiàn

近近近近近近近

近

jìn 가깝다

近

最近　最近
zuìjìn 최근, 요즘　zuìjìn

么 么 么

么

么

怎么样　怎么样

me 접미사

zěnmeyàng 어떠하다　zěnmeyàng

还 还 还 还 还 还 还

还

还

还可以　还可以

hái 그런대로, 꽤

hái kěyǐ 그런대로 괜찮다　hái kěyǐ

爸 爸 爸 爸 爸 爸 爸 爸

爸

爸

爸爸　爸爸

bà 아빠

bàba 아빠　bàba

妈 妈 妈 妈 妈 妈

妈

妈

妈妈　妈妈

mā 엄마

māma 엄마　māma

习 习 习

习

习

学习　学习

xí 배우다, 학습하다

xuéxí 공부하다　xuéxí

STEP 1 녹음을 듣고, 대화의 내용을 추측해 보세요. ▶ W02-01

STEP 2 녹음을 들으며 빈칸에 알맞은 단어와 한어병음을 써 보세요.

1 ▶ W02-02

金珉　　王老师，您＿＿＿＿＿好吗?
　　　　Wáng lǎoshī, nín ＿＿＿＿＿ hǎo ma?

王老师　很好。＿＿＿＿＿?
　　　　Hěn hǎo. ＿＿＿＿＿?

金珉　　我＿＿＿很好。
　　　　Wǒ ＿＿＿ hěn hǎo.

2 ▶ W02-03

金珉　　好久不见!
　　　　Hǎo jiǔ bú jiàn!

明明　　好久不见! 你最近＿＿＿＿＿?
　　　　Hǎo jiǔ bú jiàn! Nǐ zuìjìn ＿＿＿＿＿?

金珉　　还可以。
　　　　Hái kěyǐ.

金珉　　　你爸爸、妈妈＿＿＿好吗?
　　　　　Nǐ bàba、　mǎma ＿＿＿ hǎo ma?

明明　　　他们都很好。
　　　　　Tāmen dōu hěn hǎo.

❹ ▶ W02-05

金珉　　　你学习忙吗?
　　　　　Nǐ xuéxí máng ma?

明明　　　＿＿＿＿＿＿。你呢?
　　　　　＿＿＿＿＿＿.　　Nǐ ne?

金珉　　　我很忙。
　　　　　Wǒ hěn máng.

STEP ❸ 역할을 바꾸어 대화해 봅시다.

① A형　 ▶ W02-06

② B형　 ▶ W02-07

1 녹음을 들으며 따라 써 보세요.(운모 연습) ▶ W02-08

hái	měi	pǎo	kǒu
_____	_____	_____	_____

2 녹음을 들으며 따라 써 보세요.(성모 연습) ▶ W02-09

gāi	kǒu	hēi
_____	_____	_____

3 다음 중국어 단어에 알맞은 한어병음을 고르세요.

(1) 爸爸 ·   A xuéxí

(2) 身体 ·   B zuìjìn

(3) 妈妈 ·   C shēntǐ

(4) 最近 ·   D māma

(5) 学习 ·   E bàba

4 다음 그림을 보고 빈칸에 알맞은 가족 호칭을 쓰세요.

(1) _____   (2) _____   (3) _____   (4) _____

5 다음 빈칸에 알맞은 중국어 문장을 써서 대화를 완성하세요.

(1)　　A 王老师，您身体好吗？

　　　　B _____ 。

(2)　　A 你最近怎么样？

　　　　B _____ 。

(3)　　A 你学习忙吗？

　　　　B _____ 。

6 다음 질문에 중국어로 대답해 보세요.

(1)　　요즘 어떠세요？

(2)　　건강하시죠？

叫 叫 叫 叫 叫

叫

叫

叫什么名字?   叫什么名字?
Jiào shénme míngzi? 이름은 무엇입니까?   Jiào shénme míngzi?

jiào ～라고 부르다

什 什 什 什

什

什

shén 什么의 구성자

什么   什么
shénme 무엇, 무슨   shénme

名 名 名 名 名 名

名

名

míng 이름, 명칭

名字   名字
míngzi 이름   míngzi

认 认 认 认

认

认

rèn 식별하다, 분간하다

认识   认识
rènshi 알다   rènshi

兴 兴 兴 兴 兴 兴

兴

兴

xìng 흥미, 흥취

高兴   高兴
gāoxìng 기쁘다   gāoxìng

这 这 这 这 这 这 这

这

这个　这个
zhè ge 이것　zhè ge

zhè 이, 이것

朋 朋 朋 朋 朋 朋 朋 朋

朋

朋友　朋友
péngyou 친구　péngyou

péng 친구

姓 姓 姓 姓 姓 姓 姓 姓

姓

我姓张。　我姓张。
Wǒ xìng Zhāng. 저는 장씨입니다.　Wǒ xìng Zhāng.

xìng 성이 ~이다

哪 哪 哪 哪 哪 哪 哪 哪 哪

哪

哪国　哪国
nǎ guó 어느 나라　nǎ guó

nǎ 어느, 어떤, 어디

国 国 国 国 国 国 国 国

国

中国　中国
Zhōngguó 중국　Zhōngguó

guó 국가, 나라

STEP ① 녹음을 듣고, 대화의 내용을 추측해 보세요. ▶ W03-01

STEP ② 녹음을 들으며 빈칸에 알맞은 단어와 한어병음을 써 보세요.

① ▶ W03-02

明明　你＿＿什么名字?
　　　Nǐ ＿＿＿ shénme míngzi?

金珉　我叫金珉。
　　　Wǒ jiào Jīn Mín.

② ▶ W03-03

明明　＿＿＿＿＿你很高兴。
　　　＿＿＿＿＿ nǐ hěn gāoxìng.

金珉　认识你我也很高兴。
　　　Rènshi nǐ wǒ yě hěn gāoxìng.

③ ▶ W03-04

明明　金珉，这是我＿＿＿＿京京。
　　　Jīn Mín, zhè shì wǒ ＿＿＿＿ Jīngjing.

京京　　　你好！我叫京京。
　　　　　Nǐ hǎo!　Wǒ jiào Jīngjing.

金珉　　　你好！我叫金珉。
　　　　　Nǐ hǎo!　Wǒ jiào Jīn Mín.

④ ▶ W03-05

金珉　　　你＿＿＿什么？
　　　　　Nǐ ＿＿＿ shénme?

京京　　　我姓张。
　　　　　Wǒ xìng Zhāng.

金珉　　　你是＿＿＿＿＿人？
　　　　　Nǐ shì ＿＿＿＿＿ rén?

京京　　　我是中国人。
　　　　　Wǒ shì Zhōngguórén.

STEP ③ 역할을 바꾸어 대화해 봅시다.

① A형　▶ W03-06

② B형　▶ W03-07

연습문제

1 녹음을 들으며 따라 써 보세요.(운모 연습) ▶ W03-08

zì　　　　cù　　　　sè

_____　　　_____　　　_____

2 녹음을 들으며 따라 써 보세요.(성모 연습) ▶ W03-09

xià　　　　xiě　　　　jiào

_____　　　_____　　　_____

jiǔ　　　　huā　　　　wǒ

_____　　　_____　　　_____

kuài　　　　wéi　　　　yuè

_____　　　_____　　　_____

3 다음 중국어 단어에 알맞은 한어병음을 고르세요.

(1)　姓　　·　　　　A péngyou

(2)　什么　·　　　　B xìng

(3)　朋友　·　　　　C míngzi

(4)　名字　·　　　　D nǎ

(5)　哪　　·　　　　E shénme

4 다음 한국어 문장을 보고 빈칸에 알맞은 단어를 쓰세요.

(1) 당신 이름은 무엇입니까? 你叫什么_____?

(2) 당신을 만나게 되어서 반갑습니다. 认识你很_____。

(3) 저는 징징이라고 합니다. 我____京京。

(4) 당신의 성은 무엇입니까? 你____什么?

(5) 당신은 어느 나라 사람입니까? 你是____国人?

5 다음 그림을 보고 빈칸에 알맞은 중국어 문장을 써서 대화를 완성하세요.

张京

(1) A 你叫什么名字?

B _____。

(2) A 你是哪国人?

B _____。

6 다음 질문에 실제 상황을 근거로 중국어로 대답해 보세요.

(1) 당신의 이름은 무엇입니까?

(2) 당신은 어느 나라 사람입니까?

在 在 在 在 在 在

在

在哪儿? 在哪儿?

zài ~에 있다, ~에서   Zài nǎr? 어디에 있니?   Zài nǎr?

图 图 图 图 图 图 图 图

图

图书馆 图书馆

tú 그리다, 계획하다   túshūguǎn 도서관   túshūguǎn

书 书 书 书

书

看书 看书

shū 책   kàn shū 책을 보다   kàn shū

饿 饿 饿 饿 饿 饿 饿 饿 饿 饿

饿

很饿 很饿

è 배고프다   hěn è 매우 배고프다   hěn è

起 起 起 起 起 起 起 起 起 起

起

一起 一起

qǐ 일어나다, 시작하다   yìqǐ 함께   yìqǐ

饭 饭 饭 饭 饭 饭 饭

| 饭 | | | | |

| 饭 | | | | |

吃饭　吃饭
chī fàn 밥을 먹다　chī fàn

饭 fàn 밥

人 个 个 今 今 今 食 食 食

| 食 | | | | |

食堂　食堂
shítáng 식당　shítáng

食 shí 밥, 밥을 먹다

家 家 家 家 家 家 家 家 家 家

| 家 | | | | |

我家　我家
wǒ jiā 우리 집　wǒ jiā

家 jiā 집

钟 钟 钟 钟 钟 钟 钟 钟 钟

| 钟 | | | | |

钟路　钟路
Zhōnglù 종로　Zhōnglù

钟 zhōng 종

宿 宿 宿 宿 宿 宿 宿 宿 宿 宿 宿

| 宿 | | | | |

宿舍　宿舍
sùshè 기숙사　sùshè

宿 sù 숙박하다

STEP 1 녹음을 듣고, 대화의 내용을 추측해 보세요. ▶ W04-01

STEP 2 녹음을 들으며 빈칸에 알맞은 단어와 한어병음을 써 보세요.

① ▶ W04-02

明明　　喂，金珉，你＿＿＿哪儿？
　　　　Wéi, Jīn Mín, nǐ ＿＿＿＿ nǎr?

金珉　　我＿＿＿图书馆。
　　　　Wǒ ＿＿＿＿＿ túshūguǎn.

明明　　我好饿。我们一起＿＿＿＿＿吧。
　　　　Wǒ hǎo è. Wǒmen yìqǐ ＿＿＿＿＿＿ ba.

② ▶ W04-03

金珉　　我们＿＿＿＿＿哪儿＿＿＿＿？
　　　　Wǒmen＿＿＿＿＿ nǎr＿＿＿＿?

明明　　我们去学生食堂吧。
　　　　Wǒmen qù xuésheng shítáng ba.

金珉　　好的。
　　　　Hǎo de.

3 ▶ W04-04

京京　　　你家＿＿＿哪儿？
　　　　　Nǐ jiā ＿＿＿ nǎr?

明明　　　我家＿＿＿钟路。
　　　　　Wǒ jiā ＿＿＿ Zhōnglù.

4 ▶ W04-05

明明　　　你＿＿＿在哪儿？
　　　　　Nǐ ＿＿＿ zài nǎr?

京京　　　我＿＿＿在宿舍。
　　　　　Wǒ ＿＿＿ zài sùshè.

STEP 3 역할을 바꾸어 대화해 봅시다.

① A형　▶ W04-06

② B형　▶ W04-07

1 녹음을 들으며 따라 써 보세요.(운모 연습) ▶ W04-08

zhǐ   chī   shǎo   rè

———   ———   ———   ———

2 녹음을 들으며 따라 써 보세요.(성모 연습) ▶ W04-09

sān   mén   máng

———   ———   ———

dēng   zhōng   ěrduō

———   ———   ———

3 다음 중국어 단어에 알맞은 한어병음을 고르세요.

(1) 饿   ·   A è

(2) 哪儿   ·   B zhù

(3) 宿舍   ·   C nǎr

(4) 去   ·   D sùshè

(5) 住   ·   E qù

4 다음 한국어 문장을 보고 빈칸에 알맞은 단어를 쓰세요.

(1) 당신은 어디에 있습니까?　　　　你在＿＿＿？

(2) 우리 함께 식사합시다.　　　　我们一起吃饭＿＿＿。

(3) 우리 어디에 가서 먹어요?　　　　我们＿＿＿哪儿＿＿＿？

(4) 당신의 집은 어디에 있습니까?　　　　＿＿＿在哪儿?

(5) 당신은 어디에 삽니까?　　　　你＿＿＿在哪儿?

5 다음 빈칸에 알맞은 중국어를 써서 대화를 완성하세요.

(1) A 喂, 金珉, 你在哪儿?

　　B ＿＿＿图书馆。

(2) A 我们去哪儿吃?

　　B 我们去学生食堂＿＿＿。

(3) A 你住在哪儿?

　　B ＿＿＿在宿舍。

6 다음 질문에 중국어로 대답해 보세요.

(1) 당신은 어디에 사세요?

(2) 당신은 어디에 있습니까?

有 有 有 有 有 有

有
yǒu 있다

有			
没有 méiyǒu 없다	没有 méiyǒu		

几 几

几
jǐ 몇

几			
几口人? Jǐ kǒu rén? 몇 식구?	几口人? Jǐ kǒu rén?		

里 里 里 里 里 里 里

里
lǐ 속, 장소를 나타내는 접미사

里			
这里 zhèlǐ 이곳, 여기	这里 zhèlǐ		

间 间 间 间 间 间 间

间
jiān 방, 가운데

间			
房间 fángjiān 방	房间 fángjiān		

请 请 请 请 请 请 请 请 请 请

请
qǐng ~하세요

请			
请进 qǐng jìn 들어오세요	请进 qǐng jìn		

谁 谁 谁 谁 谁 谁 谁 谁 谁 谁

谁	谁				
shéi 누구	他是谁? 他是谁? Tā shì shéi? 그는 누구입니까? Tā shì shéi?				

个 个 个

个	个				
ge 개	一个 一个 yí ge 한 개 yí ge				

帅 帅 帅 帅 帅

帅	帅				
shuài 멋있다	真帅! 真帅! Zhēn shuài! 정말 멋있다! Zhēn shuài!				

岁 岁 岁 岁 岁 岁

岁	岁				
suì 세, 살	20岁 20岁 èrshí suì 스무 살 èrshí suì				

职 职 职 职 职 职 职 职 职 职 职

职	职				
zhí 직무	职员 职员 zhíyuán 직원 zhíyuán				

STEP 1 녹음을 듣고, 대화의 내용을 추측해 보세요. ▶ W05-01

STEP 2 녹음을 들으며 빈칸에 알맞은 단어와 한어병음을 써 보세요.

1 ▶ W05-02

京京　　你家有_____口人?
　　　　Nǐ jiā yǒu _____ kǒu rén?

金珉　　我家有四口人。
　　　　Wǒ jiā yǒu sì kǒu rén.

京京　　都有_____?
　　　　Dōu yǒu _____?

金珉　　爸爸、妈妈、一个哥哥_____我。
　　　　Bàba、māma、yí ge gēge _____ wǒ.

2 ▶ W05-03

金珉　　这里是我的房间。_____进!
　　　　Zhèlǐ shì wǒ de fángjiān. _____ jìn!

明明　　这是_____?
　　　　Zhè shì _____?

金珉　　他是我哥哥。
　　　　Tā shì wǒ gēge.

明明　　噢，真帅！今年＿＿＿＿＿＿了？
　　　　Ō, zhēn shuài! Jīnnián ＿＿＿＿＿ le?

金珉　　今年二十六岁。
　　　　Jīnnián èrshíliù suì.

③ ▶ W05-04

明明　　你哥哥做什么＿＿＿＿＿＿？
　　　　Nǐ gēge zuò shénme ＿＿＿＿＿＿?

金珉　　我哥哥是公司职员。
　　　　Wǒ gēge shì gōngsī zhíyuán.

明明　　是吗？你哥哥有女朋友＿＿＿＿＿？
　　　　Shì ma? Nǐ gēge yǒu nǚ péngyou ＿＿＿＿?

金珉　　还＿＿＿＿＿＿。
　　　　Hái ＿＿＿＿＿＿.

STEP ③ 역할을 바꾸어 대화해 봅시다.

① A형　▶ W05-05

② B형　▶ W05-06

1 녹음을 들으며 따라 써 보세요.(운모 연습) ▶ W05-07

yǎnjìng	qīnqi	xiǎngniàn
———	———	———

tīng	xióngmāo	wǎnshang
———	———	———

chūntiān	huángsè	wēng
———	———	———

yuànyì	qúnzi	
———	———	

2 다음 중국어 단어에 알맞은 한어병음을 고르세요.

(1) 真　·　　　A jǐ

(2) 岁　·　　　B shéi

(3) 几　·　　　C zhēn

(4) 有　·　　　D yǒu

(5) 谁　·　　　E suì

3 다음 한국어 문장을 보고 빈칸에 알맞은 단어를 쓰세요.

(1) 당신의 집은 식구가 몇 명입니까? 　　你家有＿＿＿口人?

(2) 가족구성원이 어떻게 됩니까? 　　都有＿＿＿?

(3) 올해 몇 살입니까? 　　今年多＿＿＿了?

(4) 당신의 오빠는 무슨 일을 합니까? 　　你哥哥＿＿＿什么工作?

(5) 당신의 오빠는 여자친구가 있죠? 　　你哥哥有女朋友＿＿＿?

4 다음 그림을 보고 빈칸에 알맞은 중국어 단어를 쓰세요.

(1) 我＿＿＿一个哥哥。　　　　(3) 她是＿＿＿＿。

(2) 他今年二十六＿＿＿。　　　(4) 她在学校＿＿＿＿。

5 다음 질문에 실제 상황을 근거로 중국어로 대답해 보세요.

(1) 당신은 식구가 몇 명입니까?

(2) 당신은 올해 몇 살입니까?

生 生 生 生 生

生

shēng 낳다, 태어나다

生

生日 生日
shēngrì 생일   shēngrì

号 号 号 号 号

号

hào 일

号

几号 几号
jǐ hào 며칠   jǐ hào

乐 乐 乐 乐 乐

乐

lè 즐겁다, 기쁘다

乐

快乐 快乐
kuàilè 즐겁다   kuàilè

对 对 对 对 对

对

duì 맞다, 옳다

对

不对 不对
bú duì 틀리다   bú duì

今 今 今 今

今

jīn 현재, 지금

今

今天 今天
jīntiān 오늘   jīntiān

后后后后后后				
后 hòu 뒤의, 나중의	后			
	后天 hòutiān 모레	后天 hòutiān		

语语语语语语语语				
语 yǔ 말, 언어	语			
	英语 Yīngyǔ 영어	英语 Yīngyǔ		

试试试试试试试试				
试 shì 시험하다, 시험보다	试			
	考试 kǎoshì 시험	考试 kǎoshì		

晚晚晚晚晚晚晚晚晚晚晚				
晚 wǎn 저녁	晚			
	晚上 wǎnshang 저녁, 밤	晚上 wǎnshang		

时时时时时时时				
时 shí 시, 시간	时			
	时间 shíjiān 시간	时间 shíjiān		

STEP 1 녹음을 듣고, 대화의 내용을 추측해 보세요. ▶ W07-01

STEP 2 녹음을 들으며 빈칸에 알맞은 단어와 한어병음을 써 보세요.

1 ▶ W07-02

明明　　　金珉，你的生日是＿＿月＿＿号？
　　　　　Jīn Mín, nǐ de shēngrì shì ＿＿ yuè ＿＿ hào?

金珉　　　五月十四号。
　　　　　Wǔ yuè shísì hào.

明明　　　＿＿是你的生日！祝你生日＿＿＿＿！
　　　　　＿＿＿ shì nǐ de shēngrì! Zhù nǐ shēngrì ＿＿＿!

金珉　　　谢谢！
　　　　　Xièxie!

2 ▶ W07-03

金珉　　　今天星期几？
　　　　　Jīntiān xīngqī jǐ?

明明　　　今天星期三。
　　　　　Jīntiān xīngqīsān.

金珉　　　＿＿＿＿＿是星期五吧？
　　　　　＿＿＿＿＿ shì xīngqīwǔ ba?

明明　　对。星期五我们＿＿＿英语考试。
　　　　Duì.　Xīngqīwǔ wǒmen ＿＿＿ Yīngyǔ kǎoshì.

金珉　　星期五是几号？
　　　　Xīngqīwǔ shì jǐ hào?

明明　　星期五是二十四号。
　　　　Xīngqīwǔ shì èrshísì hào.

3 ▶ W07-04

金珉　　星期五晚上你有＿＿＿＿吗？
　　　　Xīngqīwǔ wǎnshang nǐ yǒu ＿＿＿ ma?

京京　　有什么＿＿＿吗？
　　　　Yǒu shénme ＿＿ ma?

金珉　　我们一起去明洞，＿＿＿＿＿？
　　　　Wǒmen yìqǐ qù Míngdòng, ＿＿＿＿?

京京　　好啊！
　　　　Hǎo a!

STEP 3 역할을 바꾸어 대화해 봅시다.

① A형　▶ W07-05

② B형　▶ W07-06

1 다음 중국어 단어에 알맞은 한어병음을 고르세요.

(1) 明天 ・   A shíjiān

(2) 快乐 ・   B shēngrì

(3) 时间 ・   C shì

(4) 生日 ・   D míngtiān

(5) 事 ・   E kuàilè

2 다음 그림과 한국어 문장을 보고 빈칸에 알맞은 중국어 단어를 쓰세요.

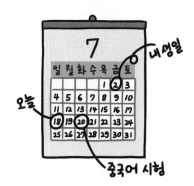

(1) 오늘은 2025년 7월 18일입니다.

今天_____年____月____号。

(2) 7월 2일 금요일은 내 생일이었습니다.

七月二号_____是我的生日。

(3) 모레는 중국어 시험이 있습니다.

后天有汉语_____。

(4) 다음주 수요일은 28일입니다.

下星期____是二十八号。

3 다음 그림을 보고 빈칸에 알맞은 중국어를 써서 대화를 완성하세요.

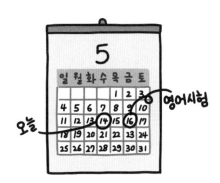

(1) A 今天星期几?

　　B 今天＿＿＿＿＿＿。

(2) A 后天是星期五吧?

　　B 对，星期五我们有＿＿＿＿＿＿。

(3) A 星期五是几号?

　　B ＿＿＿＿＿＿＿＿＿＿。

4 다음 한국어 문장을 보고 중국어 문장을 완성하세요.

(1) 주말에 우리 함께 밥 먹자, 어때?　　周末我们＿＿＿＿吃饭，＿＿＿＿＿＿?

(2) 너 오늘 저녁에 시간 있니?　　今天＿＿＿＿你有＿＿＿＿吗?

(3) 안 돼. 난 일이 있어.　　＿＿＿＿，我有事。

(4) 무슨 일 있니?　　＿＿＿＿＿事吗?

5 다음 질문에 실제상황을 근거로 중국어로 대답해 보세요.

(1) 당신의 생일은 몇 월 며칠인가요?

(2) 오늘은 몇 년 몇 월 며칠인가요?

现 现 现 现 现 现 现 现

现	现			
现在 xiànzài 지금, 현재	现在 xiànzài			

xiàn 지금, 현재

点 点 点 点 点 点 点 点 点

点	点			
几点 jǐ diǎn 몇 시	几点 jǐ diǎn			

diǎn 시

课 课 课 课 课 课 课 课 课 课

课	课			
上课 shàngkè 수업하다	上课 shàngkè			

kè 수업

累 累 累 累 累 累 累 累 累 累 累

累	累			
好累啊! Hǎo lèi a! 정말 피곤해!	好累啊! Hǎo lèi a!			

lèi 피곤하다

睡 睡 睡 睡 睡 睡 睡 睡 睡 睡 睡 睡 睡

睡	睡			
睡觉 shuìjiào 자다	睡觉 shuìjiào			

shuì 자다

两 两 两 两 两 两 两

两

两

两点 **两点**

liǎng 2 둘

liǎng diǎn 2시　liǎng diǎn

床 床 床 床 床 床 床

床

床

起床 **起床**

chuáng 침대, 자리

qǐchuáng 일어나다　qǐchuáng

昨 昨 昨 昨 昨 昨 昨 昨 昨

昨

昨

昨天 **昨天**

zuó 어제

zuótiān 어제　zuótiān

给 给 给 给 给 给 给 给 给

给

给

给你 **给你**

gěi ~에게, 주다

gěi nǐ 너에게(주다)　gěi nǐ

电 电 电 电 电

电

电

电话 **电话**

diàn 전기

diànhuà 전화　diànhuà

STEP 1 녹음을 듣고, 대화의 내용을 추측해 보세요. ▶ W08-01

STEP 2 녹음을 들으며 빈칸에 알맞은 단어와 한어병음을 써 보세요.

1 ▶ W08-02

金珉 　　　　　　几点?
　　　　　　　jǐ diǎn?

明明 现在两点　　　　。
　　　Xiànzài liǎng diǎn 　　　.

金珉 你几点　　课?
　　　Nǐ jǐ diǎn 　　kè?

明明 三点上课。
　　　Sān diǎn shàngkè.

2 ▶ W08-03

金珉 　　累啊!
　　　lèi a!

明明 晚上你几点睡?
　　　Wǎnshang nǐ jǐ diǎn shuì?

金珉 　　　　　两点。
　　　　　　liǎng diǎn.

明明   早上几点＿＿＿＿＿？

Zǎoshang jǐ diǎn ＿＿＿＿＿?

金珉   七点起床，每天＿＿＿＿都有课。

Qī diǎn qǐchuáng, měitiān ＿＿＿ dōu yǒu kè.

③ ▶ W08-04

京京   我昨天晚上给你打电话，没人＿＿＿。

Wǒ zuótiān wǎnshang gěi nǐ dǎ diànhuà, méi rén ＿＿＿.

金珉   昨天晚上＿＿＿七点＿＿＿九点在学校。

Zuótiān wǎnshang ＿＿＿ qī diǎn ＿＿＿ jiǔ diǎn zài xuéxiào.

京京   晚上也有课吗？

Wǎnshang yě yǒu kè ma?

金珉   ＿＿＿星期四晚上，我学英语。

＿＿＿ xīngqīsì wǎnshang, wǒ xué Yīngyǔ.

京京   你真忙＿＿＿！

Nǐ zhēn máng ＿＿＿!

STEP ③ 역할을 바꾸어 대화해 봅시다.

① A형   ▶ W08-05

② B형   ▶ W08-06

1 다음 중국어 단어에 알맞은 한어병음을 고르세요.

(1) 早上 ·　　　　A qǐchuáng

(2) 上课 ·　　　　B xiànzài

(3) 累 ·　　　　C shàngkè

(4) 现在 ·　　　　D zǎoshang

(5) 起床 ·　　　　E lèi

2 다음 일과표를 보고 빈칸에 알맞은 중국어를 쓰세요.

(1) 我_____起床。

(2) 九点_____, _____下课。

(3) 我_____吃午饭。

(4) 我_____七点_____八点学汉语。

3 다음 일과표를 보고 빈칸에 알맞은 중국어를 써서 대화를 완성하세요.

6:30 기상
9:00 수업시작
11:00 수업마침
12:00 점심식사
23:00 수면

(1) A 你几点起床？

　　B 我＿＿＿＿＿＿＿＿。

(2) A 你＿＿＿＿＿＿＿＿？

　　B 十一点下课。

(3) A 你晚上＿＿＿＿＿＿？

　　B 晚上十一点。

4 다음 한국어 문장을 보고 중국어 문장을 완성하세요.

(1) 제가 당신에게 전화할게요.　　　我给你＿＿＿＿＿＿＿＿。

(2) 7시부터 9시까지 학교에 있어요.　　＿＿＿＿＿＿＿＿在学校。

(3) 매일 오전에 수업이 있어요.　　　＿＿＿＿＿＿＿＿都有课。

(4) 매주 목요일 저녁에 영어 공부를 합니다.

　　　　　　　　　　　　　＿＿＿＿＿＿晚上，我学英语。

5 다음 질문에 실제 상황을 근거로 중국어로 대답해 보세요.

(1) 몇 시에 일어나세요?

(2) 몇 시에 주무세요?

条 条 条 条 条 条 条

条

一条裙子　一条裙子

tiáo 가늘고 긴 것을 세는 양사
yì tiáo qúnzi 치마 한 벌　　yì tiáo qúnzi

钱 钱 钱 钱 钱 钱 钱 钱 钱 钱

钱

多少钱?　多少钱?

qián 돈
Duōshao qián? 얼마예요?　Duōshao qián?

块 块 块 块 块 块 块

块

两块　两块

kuài 위앤
liǎng kuài 2위안　liǎng kuài

买 买 买 买 买 买

买

买卖　买卖

mǎi 사다
mǎimài 사업, 장사　mǎimài

卖 卖 卖 卖 卖 卖 卖 卖

卖

怎么卖?　怎么卖?

mài 팔다
Zěnme mài 어떻게 파세요?　Zěnme mài

万 万 万

万
wàn 만, 10000

万

一万　　一万
yí wàn 일만, 10000　　yí wàn

贵 贵 贵 贵 贵 贵 贵 贵 贵

贵
guì 비싸다

贵

太贵了!　太贵了!
Tài guì le! 너무 비싸다!　Tài guì le!

儿 儿

儿
ér 접미사

儿

一点儿　　一点儿
yìdiǎnr 약간, 조금　　yìdiǎnr

颜 颜 颜 颜 颜 颜 颜 颜 颜 颜 颜 颜 颜 颜

颜
yán 색, 색채

颜

颜色　　颜色
yánsè 색깔　　yánsè

蓝 蓝 蓝 蓝 蓝 蓝 蓝 蓝 蓝 蓝 蓝 蓝 蓝

蓝
lán 남색의

蓝

蓝色　　蓝色
lánsè 파란색　　lánsè

STEP ❶ 녹음을 듣고, 대화의 내용을 추측해 보세요. ▶ W09-01

STEP ❷ 녹음을 들으며 빈칸에 알맞은 단어와 한어병음을 써 보세요.

❶ ▶ W09-02

金珉　　这＿＿＿＿裙子怎么样?
　　　　Zhè ＿＿＿＿ qúnzi zěnmeyàng?

京京　　真漂亮!＿＿＿＿＿＿钱?
　　　　Zhēn piàoliang! ＿＿＿＿＿＿ qián?

金珉　　五十＿＿＿＿。
　　　　Wǔshí ＿＿＿＿＿.

京京　　真便宜。
　　　　Zhēn piányi.

❷ ▶ W09-03

服务员　你好! 你＿＿＿＿买什么?
　　　　Nǐ hǎo! Nǐ ＿＿＿＿ mǎi shénme?

京京　　这件衣服多少钱?
　　　　Zhè jiàn yīfu duōshao qián?

服务员　一万八千块钱。
　　　　Yíwàn bāqiān kuài qián.

京京　太贵了。＿＿＿便宜点儿吗？
Tài guì le. ＿＿＿ piányi diǎnr ma?

服务员　那就一万五吧。
Nà jiù yíwàn wǔ ba.

❸ ▶ W09-04

明明　这件T-恤＿＿＿＿？
Zhè jiàn T-xù ＿＿＿＿?

服务员　九千九百块。
Jiǔqiān jiǔbǎi kuài.

明明　还有＿＿＿颜色的吗？
Hái yǒu ＿＿＿ yánsè de ma?

服务员　有。你要白色的＿＿＿要蓝色的？
Yǒu. Nǐ yào báisè de ＿＿＿ yào lánsè de?

明明　我要蓝色的。
Wǒ yào lánsè de.

STEP ❸ 역할을 바꾸어 대화해 봅시다.

① A형　▶ W09-05

② B형　▶ W09-06

1 다음 중국어 단어에 알맞은 한어병음을 고르세요.

(1) 贵 · A zěnme

(2) 买 · B duōshao

(3) 怎么 · C mài

(4) 多少 · D guì

(5) 卖 · E mǎi

2 다음 그림을 보고 빈칸에 알맞은 중국어를 쓰세요.

苹果   9元/斤

(1) 사과 어떻게 파세요?   苹果怎么_____?

(2) 한 근에 9위안입니다.   一斤_____。

(3) 너무 비싸요.   太_____了。

(4) 좀 싸게 해 주실 수 있으세요?   能_____吗?

3 다음 그림을 보고 빈칸에 알맞은 중국어를 써서 대화를 완성하세요.

T-恤

99元/件

(1) A 你好，这件T-恤_____？

   B _____。

(2) A 还有_____颜色的吗？

   B 有白色的。

(3) A 我___白色的。

   B 我给你拿。
   └── ná 제공하다, 내놓다

4 다음 한국어 문장을 보고 중국어 문장을 완성하세요.

(1) 이 치마 어때?　　　　_____怎么样？

(2) 정말 예쁘다!　　　　___漂亮!

(3) 무엇을 원하세요?　　　你___什么？

(4) 이 옷 얼마예요?　　　_____多少钱？

5 다음 질문에 중국어로 대답해 보세요.

(1) 지금 입은 옷은 얼마예요?　　(2) 지금 무엇을 사고 싶으세요?

过 过 过 过 过 过

过				

过 (guo ~한 적이 있다)

吃过 吃过
chī guo 먹어 본 적이 있다 chī guo

想 想 想 想 想 想 想 想 想 想 想 想 想

想				

想 (xiǎng ~하고 싶다)

想去 想去
xiǎng qù 가고 싶다 xiǎng qù

来 来 来 来 来 来 来

来				

来 (lái 오다, 대동사로도 쓰임)

我来点。 我来点。
Wǒ lái diǎn. 내가 주문할게. Wǒ lái diǎn.

豆 豆 豆 豆 豆 豆 豆

豆				

豆 (dòu 콩)

豆腐 豆腐
dòufu 두부 dòufu

碗 碗 碗 碗 碗 碗 碗 碗 碗 碗 碗 碗 碗

碗	碗				
wǎn 공기, 그릇	两碗 liǎng wǎn 두 공기	两碗 liǎng wǎn			

瓶 瓶 瓶 瓶 瓶 瓶 瓶 瓶 瓶 瓶

瓶	瓶				
píng 병	两瓶 liǎng píng 두 병	两瓶 liǎng píng			

味 味 味 味 味 味 味 味

味	味				
wèi 맛, 냄새	味道 wèidao 맛	味道 wèidao			

觉 觉 觉 觉 觉 觉 觉 觉 觉

觉	觉				
jué 느끼다, 깨닫다	觉得 juéde ~라고 생각하다	觉得 juéde			

STEP 1 녹음을 듣고, 대화의 내용을 추측해 보세요. ▶ W10-01

STEP 2 녹음을 들으며 빈칸에 알맞은 단어와 한어병음을 써 보세요.

① ▶ W10-02

明明   你_____中国菜吗?
          Nǐ _____ Zhōngguócài ma?

金珉   我_____吃过。
          Wǒ _____ chī guo.

明明   今天我们吃中国菜，_____?
          Jīntiān wǒmen chī Zhōngguócài, _____?

金珉   好啊!
          Hǎo a!

② ▶ W10-03

明明   你想吃什么?
          Nǐ xiǎng chī shénme?

金珉   你_____点吧。
          Nǐ _____ diǎn ba.

明明   服务员! 要一个糖醋肉和一个麻婆豆腐。
          Fúwùyuán! Yào yí ge tángcùròu hé yí ge mápódòufu.

服务员   主食要什么?
          Zhǔshí yào shénme?

明明   两_____米饭。_____一瓶可乐。
          Liǎng _____ mǐfàn. _____ yì píng kělè.

| 服务员 | 还要别的吗？ |
| | Hái yào biéde ma? |

| 明明 | 不要了。谢谢！ |
| | Bú yào le.　Xièxie! |

3 ▶ W10-04

| 明明 | 味道怎么样？ |
| | Wèidao zěnmeyàng? |

| 金珉 | _____好吃。 |
| | _____ hǎochī. |

| 明明 | 你觉得哪个菜_____好吃？ |
| | Nǐ juéde nǎ ge cài _____ hǎochī? |

| 金珉 | 麻婆豆腐。 |
| | Mápódòufu. |

| 明明 | 我_____做麻婆豆腐。 |
| | Wǒ _____ zuò mápódòufu. |

| 金珉 | 真的吗？_____你给我做吧。 |
| | Zhēnde ma? _____ nǐ gěi wǒ zuò ba. |

STEP 3 역할을 바꾸어 대화해 봅시다.

① A형　▶ W10-05

② B형　▶ W10-06

1 다음 중국어 단어에 알맞은 한어병음을 고르세요.

(1) 菜 · A hǎochī

(2) 想 · B píng

(3) 瓶 · C cài

(4) 好吃 · D xiǎng

(5) 会 · E huì

2 다음 그림을 보고 빈칸에 알맞은 중국어를 쓰세요.

(1) 오늘 내 친구가 우리 집에 놀러 왔습니다.

今天我朋友＿＿＿我家玩儿。

└── wánr 놀다

(2) 그는 자장면을 먹고 싶어했습니다.

他＿＿＿吃炸酱面。

(3) 나는 자장면을 할 줄 압니다.

我＿＿＿做炸酱面。

(4) 나는 그에게 자장면을 해 주었습니다.

我给他＿＿＿炸酱面。

3 다음 사진을 보고 빈칸에 알맞은 중국어를 써서 대화를 완성하세요.

糖醋肉 tángcùròu 탕수육　　麻婆豆腐 mápódòufu 마파두부　　米饭 mǐfàn 밥　　可乐 kělè 콜라

(1)　服务员　你要点什么?

　　　客　人　要一个＿＿＿＿＿、一个＿＿＿＿＿。

(2)　服务员　主食要什么?

　　　客　人　＿＿碗＿＿＿。还要＿＿瓶＿＿＿。

(3)　服务员　还要别的吗?

　　　客　人　＿＿＿了，谢谢。

4 다음 한국어 문장을 보고 중국어 문장을 완성하세요.

(1)　나는 먹어 본 적이 없어.　　　　　我没＿＿＿＿＿。

(2)　오늘 우리 중국음식 먹는 거 어때?　今天我们吃中国菜，＿＿＿＿＿?

(3)　네가 주문해.　　　　　　　　　　你＿＿＿吧。

(4)　나는 마파두부를 만들 수 있어.　　我＿＿＿麻婆豆腐。

5 다음 질문에 중국어로 대답해 보세요.

(1)　중국음식을 먹어 본 적이 있으세요?

(2)　어느 음식이 가장 맛있었나요?

假假假假假假假假假假假

假

假

暑假　暑假

jià 휴가, 휴일, 방학　　shǔjià 여름방학, 여름휴가　　shǔjià

算算算算算算算算算算算算算算算

算

算

打算　打算

suàn 계산하다, 계획하다　　dǎsuan ～할 계획이다　　dǎsuan

旅旅旅旅旅旅旅旅旅旅

旅

旅

旅行　旅行

lǚ 여행하다　　lǚxíng 여행하다　　lǚxíng

带带带带带带带带带

带

带

带我去　带我去

dài 이끌다, 데리고 가다　　dài wǒ qù 나를 데리고 가다　　dài wǒ qù

问问问问问问

问

问

请问　请问

wèn 묻다　　qǐng wèn 말씀 좀 묻겠습니다　　qǐng wèn

56

题 题 题 题 题 题 题 题 题 题 题 题 题 题

题				

题 tí 문제

没问题。 没问题。
Méi wèntí. 문제없다.　Méi wèntí.

飞 飞 飞

飞				

飞 fēi 날다

飞机　飞机
fēijī 비행기　fēijī

机 机 机 机 机 机

机				

机 jī 기계, 비행기

机场　机场
jīchǎng 공항　jīchǎng

便 便 便 便 便 便 便 便 便

便				

便 biàn 편리하다

方便　方便
fāngbiàn 편리하다　fāngbiàn

长 长 长 长

长				

长 cháng 길다, 오래다

长城　长城
Chángchéng 만리장성　Chángchéng

STEP 1 녹음을 듣고, 대화의 내용을 추측해 보세요. ▶ W11-01

STEP 2 녹음을 들으며 빈칸에 알맞은 단어와 한어병음을 써 보세요.

① ▶ W11-02

民秀   这个暑假你_____做什么?
        Zhè ge shǔjià nǐ _____ zuò shénme?

金珉   我打算去北京_____。
        Wǒ dǎsuan qù Běijīng _____.

民秀   我也很想去。 你能____我去吗?
        Wǒ yě hěn xiǎng qù. Nǐ néng ____ wǒ qù ma?

金珉   没问题。
        Méi wèntí.

② ▶ W11-03

民秀   你打算什么_____去北京?
        Nǐ dǎsuan shénme _____ qù Běijīng?

金珉   八月三号。
        Bā yuè sān hào.

民秀 　坐飞机去 _____ 坐船去？
　　　　Zuò fēijī qù _____ zuò chuán qù?

金珉 　我打算 _____ 飞机去，坐飞机 _____ 。
　　　　Wǒ dǎsuan _____ fēijī qù,　zuò fēijī _____ .

3 ▶ W11-04

民秀 　你到北京，打算去什么地方？
　　　　Nǐ dào Běijīng, dǎsuan qù shénme dìfang?

金珉 　故宫、天安门……我想去很多地方。你呢？
　　　　Gùgōng, Tiān'ānmén…… Wǒ xiǎng qù hěn duō dìfang. Nǐ ne?

民秀 　我 _____ 去过长成，我很想去那儿。
　　　　Wǒ _____ qù guo Chángchéng, wǒ hěn xiǎng qù nàr.

金珉 　我也没去过，我们一起去吧。
　　　　Wǒ yě méi qù guo, wǒmen yìqǐ qù ba.

STEP 3 　역할을 바꾸어 대화해 봅시다.

　① A형 　▶ W11-05

　② B형 　▶ W11-06

연습문제

1 다음 중국어 단어에 알맞은 한어병음을 고르세요.

(1) 暑假 ·   A dǎsuan

(2) 打算 ·   B shǔjià

(3) 飞机 ·   C lǚxíng

(4) 坐 ·   D fēijī

(5) 旅行 ·   E zuò

2 다음은 丽丽의 기차표이다. 사진을 보고 대화를 완성하세요.

(1) A 丽丽打算什么时候去上海?

　 B 她打算＿＿＿＿＿＿去上海。

(2) A 丽丽打算坐什么去上海?

　 B 她打算坐＿＿＿＿去上海。

(3) A 火车票多少钱?

　 B ＿＿＿＿＿＿＿块钱。

3 다음 그림을 보고 빈칸에 알맞은 중국어를 써서 대화를 완성하세요.

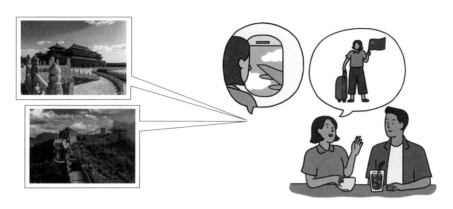

(1) A 你打算什么_____去北京?

B 八月三号。

(2) A 坐飞机去_____坐船去?

B 坐飞机方便，我打算_____。

(3) A 你到北京，打算去_____?

B 故宫、天安门、长城……我想去很多_____。

4 다음 한국어 문장을 보고 중국어 문장을 완성하세요.

(1) 저는 중국으로 여행갈 계획입니다.　　　我打算去_____。

(2) 나를 데려가 줄 수 있나요?　　　你能_____吗?

(3) 언제 가세요?　　　你打算_____去?

(4) 저는 만리장성에 가 본 적이 없습니다.　　　我_____长城。

5 다음 질문에 중국어로 대답해 보세요.

(1) 방학(휴가) 때 무엇을 할 계획이세요?

(2) 만리장성에 가 본 적이 있나요?

MEMO

MEMO

스마트
중국어

최신개정 STEP 1

워크북

동양북스 채널에서 더 많은 도서
더 많은 이야기를 만나보세요!

▶ 유튜브

인스타그램

블로그

포스트

페이스북

카카오뷰

외국어 출판 45년의 신뢰
외국어 전문 출판 그룹
동양북스가 만드는 책은 다릅니다.

45년의 쉼 없는 노력과 도전으로 책 만들기에 최선을 다해온
동양북스는 오늘도 미래의 가치에 투자하고 있습니다.
대한민국의 내일을 생각하는 도전 정신과 믿음으로 최선을 다하겠습니다.

📖 동양북스